LA SAGESSE DES DRUIDES

- *Le livre de Nabelkos* -

SAMONIOS 3781 **M.T.**
ANIEM

Transmis par
Gwenaël d'Echebrune
Traduit du breton par Drustanos
Reçu by Bruno Piaud

Avant-propos par Jean-Louis de Biasi

Bibliothèque de la Flamme Verte
Éditions Theurgia
www.theurgia.us

Éditeurs : Jean-Louis de Biasi - Patricia Bourin

Éditions Theurgia © 2020
304 A. Jones Blvd #3664, Las Vegas, NV, 89107, USA
secretary@theurgia.us
Fabriqué aux États-Unis
ISBN : 978-1-926451-29-9

Découvrez les autres publications de "Theurgia"
www.theurgia.us

SOMMAIRE

AVANT-PROPOS

La tradition spirituelle occidentale a une longue histoire remontant à l'aube de l'humanité. Une des conséquences du Christianisme fut d'occulter et déformer les milliers d'années qui lui précédèrent. Que ce soit autour du bassin méditerranéen ou dans les terres de l'Europe, des rites transmis de génération en génération constituèrent le véritable socle de cette tradition. Croire qu'ils furent remplacés pour le meilleur par une nouvelle religion est une erreur. Il n'existe pas de progrès dans le domaine religieux et spirituel. Des Dieux et Déesses sont rejetés, combattus et parfois remplacés par de nouveaux. Certains s'effacent pour un temps et réapparaissent suivant des cycles temporels que les initiés ont appris à décrypter.

A l'aube des temps, ce que l'on nomme aujourd'hui le chamanisme constitua une des formes les plus originelles de religion. Celle-ci laissa des traces dans les grottes peintes les plus anciennes, comme dans la mémoire de l'humanité. Ces pratiques ne disparurent pas. Elles s'adaptèrent et se développèrent. Les religions nordiques, celtes, gauloise, puis gallo-romaines en sont des expressions. Les nombreux cultes alors pratiqués, tels que ceux des divinités des sources, des montagnes, des fleuves ou des grottes démontrent cette continuité. Ce fut le cas de façon visible jusqu'au 5e siècle de notre ère et plus discrètement jusqu'à aujourd'hui. Les pardons bretons, le pèlerinage des 7 saints fondateurs, les calvaires à la croisée des chemins sont autant de traces voilées, plus exactement détournées de la tradition originelle païenne. C'est introduction n'a pas pour objet de développer l'aspect historique du paganisme et du druidisme en Gaule. Le but n'est pas non plus de comparer ces théologies et leurs conséquences sur la conscience des peuples. Il est toutefois fondamental de rappeler que du point de vue de la tradition spirituelle occidentale, 1500 ans de développement d'une nouvelle religion n'est qu'une très courte période. Il est également fondamental de réaliser, comme je l'ai souligné plus haut, que les nouvelles religions n'effacent par les traditions antérieures. Il en est de même des Déesses et Dieux.

Les traditions chamaniques, nordiques, celtiques et druidiques ne sont pas réveillées car elles ne cessent jamais d'être. Elles restent simplement cachées derrière le rideau de brume qui voile le véritable accès à Avalon et à la terre des ancêtres. Un cœur pur peut toujours en demander l'accès. Les Dieux enverront alors les signes que chaque initié saura reconnaître.

Je me souviens très bien de mes premiers pas dans cette tradition druidique. Alors que je me rendais dans une clairière pour recevoir une transmission druidique kuldéenne, apparut dans le ciel un puissant rapace tenant un long serpent dans ses griffes. Il avançait dans la même direction que moi alors que le serpent s'agitait encore dans ses serres. La puissance de ce symbole annonciateur du passage qui allait se dérouler fut pour moi très significatif. Je poursuivis au cours des années 80 en France cette voie chamanique et druidique. Les voiles se levèrent un à un alors que les rencontres sur les lieux de puissance me transmettaient les consécrations nécessaires de ces traditions. J'eus le privilège de pratiquer ces rites dans certains lieux peu connus, sinon secrets, de différentes régions françaises. C'était avant que la vague du Nouvel-Age transforme les traditions de ce pays en une fiction romanesque et aseptisée. Je pus invoquer les puissances ancestrales dans d'ancienne grottes du pays basque où les stalactites étaient encore entourées de rubans de tissus et de fleurs. Je pus saluer les fées et les elfes dans la rosée du matin près de certaines sources bretonnes. Habillé de blanc et portant le Tribann d'or sur mon front, je pus invoquer les ancêtres sous certains dolmens et allées couvertes. Portant les mêmes vêtements rituels, je pus ramasser le gui de façon traditionnelle alors que mes filles, habillées elles aussi de blanc, tenaient le drap blanc.

Je pus franchir les voiles de brume à plusieurs reprises et écouter la voix des anciens.

Plus tard, devenu Grand Maître de l'Aurum Solis[1], je reçus en tant que tel une autre lignée et le titre de Grand Druide et Grand Prêtre des Mystères celtiques.

Deux de mes prédécesseurs de l'Aurum Solis eurent d'importantes responsabilités dans la fondation et le développement de deux Ordres

---

[1] www.aurumsolis.org

druidiques britanniques, l'Ordre des Druides (Druid Order) et l'Ordre des Bardes, Ovates et Druides (OBOD).

Par mon intermédiaire, l'Aurum Solis conserve aujourd'hui plusieurs lignées druidiques authentiques rassemblées au sein de « l'Ordre de la Flamme Verte ». Il ne s'agit pas d'un Ordre druidique indépendant. Au contraire, cette structure est partie intégrante de l'Aurum Solis et est proposée aux initiés qui souhaitent approfondir cet important aspect de la tradition. Les fêtes préchrétiennes, gallo-romaines, celtiques, ou druidiques sont célébrées et généralement précédées du rite Rota Fulgens Solis. La pratique de certains de ces rites est autorisée au sein de la famille, tandis que d'autres n'impliquent que des initiés. Des initiations chamaniques graduelles sont parfois proposées à certains compagnons qui ont été choisis pour leur honnêteté, humilité et stabilité psychologique. Quant au présent livre de Nabelkos, il est depuis de nombreuses années confié à l'étude des adeptes. Cette volonté de demeurer une structure privée réservée à quelques-uns permet d'éviter toute forme de dérive religieuse.

Parmi la riche tradition issue du territoire français, le druidisme et les mystères celtes ont donc acquis une place essentielle qui a été trop souvent négligée par l'occultisme du 19e siècle. Comme je viens de le rappeler, certains individus ont eu le privilège d'écarter les rideaux de brume et recevoir les messages des immortelles divinités. Caractéristique d'une terre et d'une descendance, ces communications sont importantes. Le livre du Nabelkos qui a été traduit en anglais et que nous présentons ici dans sa version originale française appartient à cette histoire. Vous trouverez plus d'information sur le contexte de manifestation et la doctrine de l'ouvrage dans la postface de cette édition. Il fut transmis par Gwenael d'Echebrune. Bruno Piaud joua également un rôle important dans l'histoire du Nabelkos et mérite d'être salué. Ce livre constitua le cœur doctrinal et prophétique d'un Ordre portant le beau nom d'Ordre Hermétique de l'Hermine d'Argent. Ce dernier fut créé par le Breton Pierre de Mauclerc dans les années 60 et continua d'exister pendant quelques années.

C'est un magnifique exemple qui démontre la vivacité d'une tradition préchrétienne toujours vivante. Son style manifeste ses racines et l'authenticité de l'expérience chamanique lui ayant donné naissance. C'est ainsi que les véritables initiés de cette tradition, qu'ils soient bardes ou druides révèlent certains messages à certains moments de l'histoire. Il en est de même pour cette présente édition.

Je vous souhaite une fructueuse et respectueuse méditation de ces paroles sacrées traversant les brumes du temps, témoignage d'une tradition toujours vivante !

Jean-Louis de Biasi
Las Vegas, Août 2020.

I. LA GRANDE RÉVÉLATION

Dites :

1. Glorifié éternellement soit LUG ! louange au Maître des Mondes, le Premier, le Fort, Celui qui nous conduit dans le droit chemin, le Très Sage, le Beau, le Roi des Hauts-Rois de lumière. Exaltée soit Sa Cause au-dessus de Tout !

2. Le Donateur de toutes les possibilités, le trésorier de tous les trésors, Il ne donne jamais que par l'intermédiaire de Ses Agents.

3. Le Souverain Seigneur des initiés, le Guide Éternel des chercheurs du monde, le Multiple Artiste, Il donne par l'entremise de Dana, par l'entremise des trois Dieux de Dana, par l'entremise du Harpiste, par l'entremise du Chroniqueur, par l'entremise du Magicien, par l'entremise du Combattant, par l'entremise du Guérisseur, par l'entremise de l'Échanson, par l'entremise du Bronzier, par l'entremise du Charpentier, par l'entremise du Forgeron.

4. Aujourd'hui, l'Echanson verse à flot les nourritures divines pour les Galaadiens, la liberté à ses serviteurs, la beauté à ses adorateurs, l'harmonie pour ceux qui agissent, les champions de sa Cause.

5. Aujourd'hui, prêtons une oreille attentive à la Voix du bénisseur de l'Arbre ; levons-nous et suivons Celui qui nous a tiré des ténèbres, l'Aide dans le péril, le Libérateur.

6. Aujourd'hui, heureux celui qui, d'entre Ses Sceaux, reconnaît comme signe de ralliement l'étoile de Six Cent Soixante Six.

7. Aujourd'hui, armés de l'épée de son enseignement, avec l'enthousiasme de nos cœurs, l'ardeur de nos âmes, la puissance de nos énergies, la ferveur de notre volonté, nous ensemençons toute terre sous le soleil.

II. L'APPEL

1

1. Il dit : J'appelle au royaume de l'éternité tous les clans de la terre et Je les invite à prendre leur part des fruits de l'Arbre de la fidélité.

2. Il dit : Écoutez Mon Appel et rejoignez, car le premier d'entre vous attend la venue du dernier d'entre vous.

3. Il dit : Il y a longtemps que vous êtes dans la servitude Toi Pourquoi ne vous levez vous pas ? Quittez la troupe hargneuse, tourner vos yeux vers la nouvelle aurore, je l'ai créée pour qu'elle vous illumine.

4. Il dit : J'ai fait d'avance à chacun sa part en vous laissant le soin de la faire fructifier.

5. Il dit : Heureux celui qui, percevant la peine, est touché par la conviction, celui-là prend le chemin de lumière.

6. Il dit : En vérité, je fixe un nouvel aujourd'hui pour ceux qui aspirent à la liberté totale.

7. Il dit : Comprenez, brève est la vie humaine sur la terre formée de la cendre des morts ; on ne doit pas perdre un moment du temps qui passe.

2

1. Il dit : Ne recherchez pas ce qui périt, tournez-vous vers ce qui est le meilleur, vers les plus beaux fruits de l'arbre de vie.

2. Il dit : Heureux celui qui reste jeune toute la vie, l'adolescente plein de grandes espérances, libre comme la brise, Je lui donnerai gratuitement à boire de la source d'eau vive.

3. Il dit : Je réprouve quiconque ne s'élève pas, quiconque ne cherche pas à dépasser ses limites.

4. Il dit : Pour les réfractaires, la tourmente avenir n'aura pas de terme de comparaison. Beaucoup se noieront dans leur sang, avec l'acier dont ils font nourriture.

5. Il dit : Les racines doivent être fortement fixées dans les entrailles et dans les cœurs, afin que s'élèvent les branches jusqu'au ciel et par-delà.

6. Il dit : En vérité, le son de la cloche d'or de l'appel résonne dans le cœur des vivants tel un enchantement de douceur, mais ceux qui ne l'entendent pas déroulent en vain leur existence.

7. Il dit : Comprenez quand vous attachez foi à Dieu, vous attirez vers vous-même la marque de la puissance de Dieu.

3

8. Il dit : Tout ce qui diminue la servitude et tout ce qui augmente la liberté est digne d'attention ; mais seul mérite la liberté et la vie celui qui chaque jour doit les conquérir.

9. Il dit : Si par crainte du fruit vous desséchez le tronc de l'arbre, votre lot sera maladie, souffrance et mort.

10. Il dit : Celui que vous portez en vous escaladera sans peine les gradins de la hiérarchie.

11. Il dit : La vie n'est pas un détour vers la mort. Chaque défaite, chaque victoire contribue uniquement à nous élever.

12. Il dit : Débarrassez-vous de vos liens et soyez lumière de beauté Au sommet de l'arbre de la gloire merveilleuse.

13. Il dit : En vérité, il ne sera pas ainsi que vous le voulez, il en sera seulement comme je le jugerai bon, ni plus ni moins.

14. Il dit : Comprenez n'est vaincu que celui qui n'a pas voulu être vainqueur.

4

1. Il dit : Je vous appelle au séjour de béatitude, venez vous y réfugier.

2. Il dit : Tel un lion qui brise les barreaux de sa cage, brisez-vous vos chaînes et soyez libre à jamais.

3. Il dit : Chercher à vous connaître vous-même vous découvrirez en vous bout des trésors spirituels incalculables, vous deviendrez un flambeau pour ceux qui marchent dans les ténèbres, un point de ralliement pour ceux qui sont dispersés.

4. Il dit : Évitez tout ce qui peut vous faire tomber, vous humilier, vous appauvrir. Recherchez tout ce qui peut vous faire progresser et vous enrichir car vous avez droit à la richesse et la gloire.

5. Il dit : Tout ce qui est inférieur constitue une barrière et chaque pouce de terrain doit être conquis contre une grande résistance. Cultivez la patience et la persévérance. Chaque jour est suivi de son lendemain ne désespérez donc pas de la victoire lorsque la mort vous impose une situation fâcheuse.

6. Il dit : En vérité, léger est celui qui connaît le moi pur et la liberté. Il peut marcher sans risque sur les épines et sur des larmes d'épées.

7. Il dit : Comprenez, il ne faut pas se réfugier dans les siècles disparus. Des profondeurs de votre être faites surgir un monde nouveau et vous brillerez dans la nuit comme une étoile.

5

1. Il dit : J'appelle les champions qui attachent des soleils aux zones de leur chars tirés par d'indomptable coursiers ailés à la crinière blanche.

2. Il dit : L'heure est venue pour vous de servir ma cause car le temps n'est plus loin ou tous les clans de la terre se rassembleront dans mon empire.

3. Il dit : Vivez chaque minute comme pouvant être la dernière et songez que l'occasion qui s'offre ne se représentera peut-être jamais.

4. Il dit : Dieu s'annonce par la bouche de celui qui fait sa volonté et qui, parvenu à la rive, vous laisse le radeau pour traverser le courant en fureur.

5. Il dit : Si vous avez le reconnaître pour l'Unique, alors vous saurez tout. Si vous ne savez pas le reconnaître pour l'Unique, alors toute notre science n'est qu'ignorance.

6. Il dit : En vérité la source de l'erreur consiste à le nier, à se fier à d'autres tu lui, à ne pas se conformer à ce qu'il a ordonné.

7. Il dit : Comprenez, la libération pourras demander un temps très long, mais que l'échéance soit proche où lointaine, elle arrivera infailliblement.

6

1. Il dit : Je ne cherche pas mon profit ; j'œuvre pour que vous rejoignez et qu'il n'y en ai pas un seul de perdu.

2. Il dit : Cesser de vous comporter en machine. Aborder le sens réel de vos activités, que chacun se mette à porter fruit et s'élaborera un monde de vie.

3. Il dit : Lorsqu'un désir anime un humain, c'est à lui de le réaliser, car vous ne pouvez connaître l'existence du créateur qu'en exauçant son vœu.

4. Il dit : Ne vous privez pas de ce qui a été créé pour vous, tournez-vous vers ce qui est cause de joie et de bonheur.

5. Il dit : Triste sera le sort de celui dont les paroles dépassent les actions.

6. Il dit : En vérité l'éternité ne peut être choisie que par l'intéressé lui-même.

7. Il dit : Comprenez, tant que l'on cherche une autre vision que lui, et tant qu'on la cherche ailleurs que dans la connaissance de sa propre âme, on divague dans l'impossible et l'incertitude.

7

1. Il dit : Vous devez accomplir diligemment, avec la plus parfaite allégresse et la plus vive ardeur tout ce que vous commande le seigneur de lumière.

2. Il dit : Œuvrez à conquérir la puissance de vivre ; méditez sur la gloire de celui qui a produit l'univers ; puisse t'il éclairez votre esprit.

3. Il dit : Tout ce qu'il peut y avoir de plus élevé sur terre est une distance infinie de ce qu'est le Divin et de ce que vous deviendrez.

4. Il dit : En regard de vos méfaits, qu'avez-vous à mettre dans la balance ? Prisonniers de vos actions vaines vous n'êtes pas heureux. Ce n'est qu'à partir d'une totale liberté que vous pourrez forger votre nature divine.

5. Il dit : Écoutez l'appel du seigneur à l'indicible puissance, le guide hors de la voix d'erreur. Mettez sa marque à votre main droite et sortes des ténèbres qui vous environnent.

6. Il dit : En vérité là où est le commencement, là est aussi la fin.

7. Il dit : Comprenez, je sais ce que vous voulez mais je suis avec vous partout.

1. Il dit : Tout votre passé fut le déroulement d'une trahison et les ténèbres ont été forgées par votre refus de me reconnaitre.

2. Il dit : Dès l'instant où vous comprendrez que vous vivez exactement dans le monde que vous méritez, vous reconnaîtrez dans les erreurs d'autrui les vôtres propres.

3. Il dit : J'aime la guerre entre les Princes qui portent pavois sanglants ; je choisis les hommes tués par les armes qu'ils se sont forgés.

4. Il dit : Celui qui est délivré s'élève dans les hautes branches de l'arbre. Celui qui refuse et fait front est renversé et précipiter en bas.

5. Il dit : Jusqu'à quand ne retrouverez-vous votre rang de jadis ? Dans la région mixte, chaque chasseur a un certain gibier ; tant que vous serez gibier, j'aurai des flèches pour vous dans mon carquois.

6. Il dit : En vérité, chacun de vous est reconnu à l'éclat de sa lumière.

7. Il dit : Comprenez, quand les doutes sont tranchés, les actes contraires périssent.

9

1. Il dit : Celui qui fut couronné Roi des Hauts Rois, Maître de Gwenned, le royaume de la beauté éblouissante, sa Puissance habite tous les êtres ici-bas. Il est le seigneur de toute chose, puissiez-vous ne jamais l'oublier.

2. Il dit : J'ai fait briller les luminaires au-dessus de l'horizon pour vous aider dans l'atteinte de votre fin la plus haute. Ouvrez les yeux sur ce qui est caché, levez-vous et cherchez sans relâche ce qui conduit à l'accomplissement.

3. Il dit : Un vaillant soldat pour la cause de Dieu n'attache pas son cœur à des valeurs transitoires.

4. Il dit : Oubliez le jour qui a été retranché de votre existence, et vous atteindrez sans difficultés les désirs de votre cœur.

5. Il dit : Tout n'arrive que pour être utilisé, tout n'existe que pour être transformé.

6. Il dit : En vérité, celui qui m'ignore ne peut longtemps faire résonner les cordes de sa harpe.

7. Il dit : Comprenez, ceux-là sont dans une erreur évidente qui ne répondent pas à l'appel. Je rendrai leurs œuvres vaines et ils retourneront dans la demeure de glace.

10

1. Il dit : Nul ne peut se soustraire à la mort dans cet univers ; prenez garde de ne pas mourir dans l'insouciance à l'instar d'une charogne.

2. Il dit : Vous ne pouvez songer au divin en privilégiant une moitié de votre être et en répudiant l'autre.

3. Il dit : Ne recherchez rien pour vous-même, sauf ce qui peut vous pourvoir de ce qui est nécessaire en vue du travail que vous devez faire.

4. Il dit : Tout doit être converti en moyen pour amener l'expérience de la perfection de l'état constant et permanent.

5. Il dit : L'action sans la voyance est inféconde et ne sert à rien.

6. Il dit : En vérité, il est le verseur, le maître des gouttes et des ondes ; sans lui pas de pluies ni de vents, pas de beau temps ni de récoltes. Ceux qui le préfèrent à tout visage pénètrent dans la liberté.

7. Il dit : Comprenez, de l'esclavage je vous appelle à la liberté ; il n'y a pas de refuge stable tant que votre vie n'est pas affermie.

11

1. Il dit : Suivez le Témoin de l'époque, l'Instructeur du cycle.

2. Il dit : Entre les porteurs de Mon message, je ne fais aucune distinction, car ils n'ont tous qu'un seul et même but, et le secret de l'un est le secret de l'autre.

3. Il dit : Il y a une belle destinée pour celui qui tourne son cœur dans la direction du Généreux.

4. Il dit : Mettez-vous en marche pour connaître Son désir. Il vous procurera le sort le plus avantageux.

5. Il dit : C'est pour échapper aux ténèbres que la graine s'efforce de germer et le bourgeon d'éclore, mais une cosse vide peut-elle germer ?

6. Il dit : En vérité, ferveur, confiance et détachement sont nécessaires pour la croissance dans le secret de cette liberté qui vous rétablira dans la Vie sans fin.

7. Il dit : Comprenez, vous avez à détruire les vieilles structures et bâtir un nouveau royaume, puissant et splendide.

12

1. Il dit : Le Libérateur est au-dedans de vous ; faîtes de Lui l'objet de tout votre être.

2. Il dit : D'où vient cet accablement à l'heure du péril ? Vous avez inventé la tristesse, la souffrance et toutes les affres de la maladie, c'est pourquoi les secrets que vous avez cru découvrir ne sont que mirages sur vos pistes d'égarement.

3. Il dit : La beauté et la divinité, vous les découvrirez en toute chose si vous avez des yeux dignes de les voir.

4. Il dit : Devenez le fruit de tous les désirs nouveaux qui éclosent en votre cœur.

5. Il dit : Sans prix et inestimables sont les joyaux cachés dans le temple du corps, mais rares ceux qui les découvrent.

6. Il dit : En vérité, l'Appel résonne tout au long des cycles dans toute la Création.

7. Il dit : Comprenez, il importe que vous unissiez vos effluves majeures afin d'accélérer la transformation de toutes choses et permettre ainsi à tous et chacun de réintégrer le Plus Haut Etat.

13

1. Il dit : Celui qui élève par degrés tracera sur vous, de Sa Main de feu, l'attestation de votre initiation.

2. Il dit : Le sacré est ce qui délivre le profane est ce qui enchaîne. Brisez vos liens mortels afin de permettre le retour de l'étincelle vers le brasier qui en est la source.

3. Il dit : Celui qui se guérit lui-même n'a pas de meilleur médecin ; recherchez un remède à votre mal sinon vous atteindrez la douleur sans remède.

4. Il dit : Laissez le secondaire pour tendre vers l'essentiel ; déposez vos fardeaux entre les mains de Celui qui peut tout porter, sinon votre labeur ne sera qu'une peine infinie dans un désert illimité.

5. Il dit : L'univers n'est qu'un tremplin, une échelle qui monte vers les splendeurs impérissables ; chaque victoire sur vous-même permet d'en gravir un échelon.

6. Il dit : En vérité, Je vous appelle mais jamais ne M'impose.

7. Il dit : Comprenez, à moins que vous n'ayez atteint le dernier degré de l'échelle, vous ne regagnerez point la Demeure Eternelle.

14

1. Il dit : Le Seigneur du Pays de l'Eternel Eté, à Lui appartiennent le Règne, la Puissance, et la Gloire. Que Sa Volonté soit faite en vous.

2. Il dit : Faire ce qu'il demande n'est point obéir à un diktat mais répondre à un besoin personnel.

3. Il dit : Les faussetés sont nombreuses, mais la vérité est une et triomphera sûrement.

4. Il dit : Vous possédez tout pouvoir pour être ce que vous voulez ; mais le chaudron du Maître de l'Abîme, doucement chauffé par l'haleine de neuf vierges, il ne bout pas la nourriture des lâches ; à son sommet sont des cercles de perles.

5. Il dit : Avec Dieu tout est possible. Ceux qui se sont retiré de la lumière, s'ils acquiescent à l'Appel et communient avec Sa Volonté, ils trouvent leur chemin vers la Réalisation.

6. Il dit : En vérité, le refus d'accomplir son destin identifie l'homme aux circonstances.

7. Il dit : Comprenez, la grande terreur vient des fausses sécurités.

15

1. Il dit : J'ai créé l'Arbre pour le bien des quêteurs, et à mesure qu'ils s'élèvent de branche en branche, Je les rends conscient au tout de leur mouvement.

2. Il dit : Dans le corps de l'homme sont inclus tous les plans de la Création et tous les Dieux.

3. Il dit : Marchez d'aplomb dans la froideur, beaucoup se redresseront à votre exemple.

4. Il dit : Les fruits de la lumière portent la marque de la beauté.

5. Il dit : Ne méprisez pas même l'insecte, car lui aussi a de l'ardeur dans le cœur, et sur a voie il s'accomplira à l'égal d'un lion.

6. Il dit : En vérité, rien n'est exigé au-dessus du tarif.

7. Il dit : Comprenez il y a dans une seule étoile toutes les glaces du Yenved.

16

1. Il dit : Maudits soient ceux qui restent sourds à l'Appel et sont complètement aveuglés par l'ignorance la plus crasse ; maudits soient ceux qui se vautrent dans l'ignominie avec les fomoires dégoûtants.

2. Il dit : Le feu monte, la pierre tombe ; profitez de toutes les occasions favorables, allégez-vous et rejoignez.

3. Il dit : Pas plus qu'on ne peut attraper l'air avec un croc, pas davantage l'homme inspiré ni par la foi sincère, ni par le sens de ce qu'il dit ne peut se frayer un chemin vers le cœur d'autrui.

4. Il dit : Chaque être est lié à sa propre nature et c'est en elle qu'il doit chercher sa perfection.

5. Il dit : En ce monde, vous pouvez atteindre l'Eternel que par l'éphémère, le réel par l'irréel.

6. Il dit : En vérité, tout ce qui vous est donné n'est qu'une provision de route, mais vous d'ignorer la valeur de la vie que Je vous accorde.

7. Il dit : Comprenez, les intelligents choisissent bien, non les sots.

17

1. Il dit : Souffrances et tourments sont de mauvais rêves dont il faut s'éveiller ; alors vos efforts seront reconnus et il y aura une récompense.

2. Il dit : Que l'on soit maître de peu ou de beaucoup, tout devient bénéfice pour celui dont l'âme est dirigée uniquement vers Lui.

3. Il dit : Chacun doit mourir trois fois avant de goûter au Suprême Grand Bonheur.

4. Il dit : Tout quitter c'est tout gagner ; tout quitter c'est quitter l'illusion pour suivre Celui qui est tout.

5. Il dit : Établissez-vous aussi ferme que la montagne dans la Cause du Seigneur de Lumière.

6. Il dit : En vérité, naître et mourir c'est seulement changer.

7. Il dit : Comprenez, votre vie ne se terminera pas avant son heure, c'est pourquoi au moment où survient la mort, il ne sied pas de tenter d'échapper à la courbe du destin.

18

1. Il dit : Vous êtes tous les fruits d'un même Arbre, les feuilles d'une même branche. Vous avez été créé pour jouir des mêmes droits et participer aux mêmes avantages, mais depuis la Grande Séparation vous travaillez à tuer votre nature.

2. Il dit : Que m'importent vos prières, vos flatteries calculatrices ? Eveillez-vous et Je vous éclairerai.

3. Il dit : Ce qui gèle en Yenved, c'est le non.

4. Il dit : Il y a des signes rangés en ordre comme autant d'avertissements.

5. Il dit : Vous devez toujours vouloir davantage. Dépassez-vous, et à cette tache périssez sur le chemin qui mène à la Taverne Suprême.

6. Il dit : En vérité, celui qui trahit Dieu trahit son frère, rien ne peut le détourner du mal.

7. Il dit : Comprenez, quiconque réclame pour soi seul ce que Je veux que tous jouissent et veut s'arroger4 comme son bien propre ce qui est à tous, celui-là sera rejeté dans l'enfer glacé.

19

1. Il dit : Le Dispensateur de tous les biens doit être recherché pour lui-même et non pour Ses dons.

2. Il dit : Les incomplets ne possèdent pas les richesses complètes. Ils quittent ce monde à regret sans avoir compris le but de la venue, de la halte et du départ.

3. Il dit : Le Divin de se révèle pas à un chercheur qui est satisfait de résultats moindres.

4. Il dit : Nulle œuvre, dont l'accomplissement ne coûte rien, n'attire saur elle Ma Bénédiction.

5. Il dit : Le Seigneur de Lumière est la plus belle des formes et la Beauté est Son Action Sainte.

6. Il dit : En vérité, qui d'autre que Lui est votre ivresse de vivre ?

7. Il dit : Comprenez, Celui qui vous a sauvé de la terre de perdition, Sa Main connaît la mesure. Elle ne se rendra pas à vos désirs trop impatients, mais Elle sera près de celui qui s'abandonne à Elle.

20

1. Il dit : Le Créateur a fait un plan pour dompter l'abîme ; Il a semé des ^les couronnées de verdures, abondantes en gibier. Quand est Son Pouvoir, Beau est Son travail, suprême est générosité.

2. Il dit : Tout ce qui augmente et tout ce qui diminue, ramassez-le à chaque instant dans un continuel accueil et un continuel détachement.

3. Il dit : Je ne vous épargne pas les tribulations ; vous devez acquérir la force de dominer les obstacles.

4. Il dit : Les choses qui doivent vous arriver se hâtent ; ce que vous n'aviez pas prévu à l'origine se réalisera à la fin.

5. Il dit : Les hommes sans lumière portent en eux le fléau de leur existence et vont à la rencontre des malheurs.

6. Il dit : En vérité, mourir est la meilleure chose se si elle est accomplie à temps.

7. Il dit : Comprenez, celui que Dieu protège n'a rien à craindre ni de l'eau ni du feu.

21

1. Il dit : Soumettez-vous. Se soumettre signifie Lui consacrer tout ce qui est en vous ; Lui offrir tout ce que vous êtes et tout ce que vous avez.

2. Il dit : Chacun reçoit ce qui lui est dû, mais Dieu prend ce que vous craignez le plus de lui donner.

3. Il dit : Allez vers le Centre, les divergences disparaîtront.

4. Il dit : Je suis l'Inspirateur qui jamais ne se trouve ou vous prétendez le découvrir.

5. Il dit : Soumettez-vous complètement à Sa Volonté et vous serez délivré de tout souci pour l'avenir.

6. Il dit : En vérité, Son verdict est juste ; nul n'a reçu le droit de le critiquer.

7. Il dit : Comprenez, l'ignorant de l'Essentiel s'anéanti dans l'obscurité alors qu'il possédait tout pouvoir pour devenir fils de lumière.

22

1. Il dit : Dieu ne punit jamais ; ce sont vos propres doutes qui sont vos ennemis et créent toutes les difficultés.

2. Il dit : Tant que vous flotterez sur une mer de sombre inconscience, le monde sera plein de souffrances intolérables.

3. Il dit : Qui se tient sur le seuil ne goûte pas la félicité de l'achèvement.

4. Il dit : Allez au-devant de Celui qui vient, l'Attendu, le Jeune Fils choisi couronné et Conquérant.

5. Il dit : Ceux qui retardent l'instant de s'envoler vers les plaines à la douceur de miel, leurs songes deviennent cauchemars, leur demeure sera la glace, et il n'y aura point de secours pour eux avant longtemps.

6. Il dit : En vérité, le buveur, le vin et l'échanson sont un.

7. Il dit : Comprenez, quiconque abuse de la magie et n'aura pas pris le temps de distiller les sucs de la sagesse mourra vide de jours.

23

1. Il dit : Quand vous n'étiez qu'une masse informe errante dans la plaine de perdition. J'ai créé un cadre parfait pour notre épanouissement. Cc qui est tracé dans Mon Plan arrive immanquablement et vous mène à la libération.

2. Il dit : Dissipez vos doutes, fermez les écluses de l'angoisse, unifiez votre vie, agissez selon Ma Volonté et professez la religion de la Liberté.

3. Il dit : Quoique votre main fasse, sous la harpe voûte étendue au-dessus de vos têtes, mettez-y toute votre attention.

4. Il dit : Si vous prenez refuge en Lui, par toutes les fibres de votre être, vous parviendrez aisément à la condition éternelle.

5. Il dit : La voix Verte est la source unique de la Parole des Anciens comme de la Parole du Nouveau ; lui obéir inconditionnellement, voilà en quoi consiste la pratique spirituelle juste.

6. Il dit : En vérité, ceux qui tiennent à Lui s'attachent à une corde qui ne peut être coupée.

7. Il dit : Comprenez, la mémoire constante du Seigneur favorise la communion avec Sa Volonté Toujours Agissante qui œuvre pour votre libération.

24

1. Il dit : L'Appel tombe sur vous du dôme, des cieux, mais pris au piège que vous avez tendu vous ne l'écoutez pas.

2. Il dit : Elevez-vous au-dessus de l'horizon, O Galaadiens, et mettez-vous en accord avec l'Omnivibration. C'est par elle que la Création se renouvelle et que vous passerez par-delà les bornes de ce monde fini.

3. Il dit : Le premier être pour lequel on ne doit pas avoir de pitié est soi-même. Priez Dieu de vous fortifier, Lui qui personnifie pour toute la Création, le modèle par excellence de la Force et de la Beauté.

4. Il dit : Que votre langue se multiplie six-cent six mille fois et davantage encor pour chanter sans fin la gloire du Premier, celui qui a créé de vos cendres le cosmos soumis aux lois de Sa Volonté pour vous permettre d'atteindre le Plus Haut État.

5. Il dit : Celui qui distribue Ses dons sans se lasser, Il donne aux âmes une boisson forte afin qu'elles puissent tomber dans une ivresse divine plus sobre que la sobriété elle-même.

6. Il dit : En vérité, rare est le gui sur les chênes ; de même, rares sont ceux qui parviennent à la vraie sagesse.

7. Il dit : Comprenez, il reste le droit de s'enfuir quand on n'atteint pas ce que l'on désire.

25

1. Il dit : Je ne suis pas Celui qu'on implore avec crainte pour être sauvé.

2. Il dit : Maudit soient les adorateurs espérant une récompense de la même façon que les marchands un prix pour les marchandises.

3. Il dit : Le Timonier qui oriente le navire vers le Grand Rivage, ceux qui entendent et acquiescent à son Appel, chaque jour ils remportent une victoire sur les fomoires à l'œil mauvais.

4. Il dit : Les erreurs présentes vous évitent celles de l'avenir, ais le temps n'est pas fait pour être comblé d'actions vaines.

5. Il dit : Ce n'est qu'après avoir appris à vous servir correctement de la liberté que Dieu vous l'accordera.

6. Il dit : En vérité, one ne plante point qu'on n'ait préalablement défriché.

7. Il dit : Comprenez, si vous marchez dans une autre voie que celle qui montre clairement Celui qui a ordonné tout ce qui existe pour votre plus grand bien, Son Bras vous précipitera dans la poussière.

26

1. Il dit : Les uns se plaisent dans les bas-fonds alors que d'autres se perchent sur les sommets. Purifiez-vous de tout ce qui vous enténèbre et rejoignez.

2. Il dit : Votre adversaire a toujours raison. C'est en dépassant vos limites que vous en ferez le tout et le pourrez vaincre.

3. Il dit : La lutte pour la vie est la lutte pour la possession de la perfection.

4. Il dit : Le lion ne manque pas ce que laisse le chien ; aux aigles ne convient pas l'œuvre des temps. Les Dieux se conduisent selon le désir de Dieu, mais ceux qui adorent les morts et les tombes peinent en vain. Arrêtez-vous, rendez-vous compte de l'état lamentable dans lequel vous vous trouvez, faites votre déclaration de désapprobation et réorientez-votre activité en ayant les yeux fixés vers les hauteurs sublimes de la demeure Éternelle où vous appelle le Maître des Maîtres.

5. Il dit : L'atteinte du Plus Haut État requiert une perspective où chacun voit la Main de Dieu en toutes choses.

6. Il dit : En vérité, constance et bravoure vous feront recouvrer votre héritage.

7. Il dit : Comprenez, la Puissante Main qui soutient la balance et la suspend, là se trouve la source des justes lois.

27

1. Il dit : A tous les instants la Puissance agit, à toute seconde résonne dans l'Arbre l'Appel du Seigneur de Lumière. Mettez-vous à l'unisson de Sa Volonté et prenez votre essor vers le royaume de la liberté totale et de la félicité sans mélange.

2. Il dit : L'homme avisé suit le Seigneur du cycle et se nourrit des proclamations des hérauts qui convoquent à Lui les humains. Au jour déterminé, rejoindre la Convocation du Successeur est une sage économie de temps et de moyens.

3. Il dit : Splendide est la nouvelle Aurore, tournée vers vos rives d'azur et de nuit. Répondez présent, reconnaissez l'unique, obéissez au Chef Suprême et agissez pour libérer la Terre de l'esclavage ou le tiennent les vaines imaginations des égarés.

4. Il dit : L'Etoile du Choisi a failli de la nuée d'argent au-dessus de l'horizon de la Création. Sa Puissance est effluve de parfums, don pur et paix triomphale. Pénétrez dans l'intelligence de cet emblème. Il n'a été donné que pour être entendu.

5. Il dit : La soumission aux ordres de Dieu conduit à la grandeur, la désobéissance mène inévitablement l'infortune.

6. Il dit : En vérité, les vivants et les morts ne sont pas semblables ; les vivants sont ceux qui acquiescent, les morts ceux qui refusent et se tournent vers le passé.

7. Il dit : Comprenez, tout vient à son heure. Aujourd'hui, l'Étoile du Matin du Six Cent Soixante Six brille au front des Galaadiens, ceux qui tendent leurs énergies vers ce qui peut servir le mieux Sa Cause, ceux qui écoutent Son Inspiration et s'approchent des sources paisibles de Sa Science. Grande est la bénédiction qui leur est réservée, grand le bonheur de ceux qui reconnaissent la très excellente majesté du Premier, l'Élève, le Pourvoyeur qui répand sur le monde les rayons de Sa lumineuse direction.

III. L'ARBRE

KOUGANT

GWENVED

NEMVED

Tir Tarngire

Tir Ma Nog

Tir Nam Bro

AMVED

Tir Fo Tonn

Mag Meld

Mag Mor

ANDON

YENVOD

Nemetodunon

Vindodunon
(Voie lactée)

Mediodunon
(Soleil)

Brivodunon
(Planètes)

ABRED

Litavodunon
(Terre)

Moridunon
(Lune)

DON

En haut : la sphère de Kougant.

En dessous : la sphère de Gwenved.

De Gwenved viennent les trois rayons qui composent l'Arbre établi dans la sphère d'Abred.

Abred se compose de:

- En haut: la sphère de Nemved.
- Au milieu: la sphère d'Amved.
- En bas: la sphère de Yenved.

En bas à gauche d'Abred se trouve Andon, et en bas à droite réside Don.

À gauche d'Abred se trouvent, de haut en bas:

- Tir Tairngire, le pays des promesses.
- Tir Na Nog, le pays de la jeunesse.
- Mag Meld, la plaine des plaisirs.
- Mag Mor, la Grande Plaine.
- Tir Fo Tonn, la Terre sous les vagues.

À droite d'Abred, de haut en bas, se trouvent:

- Nemetodunon.
- Vindodunon, la Voie lactée.
- Mediodunon, le Soleil.
- Brivodunon, les planètes.
- Litavodunon, la Terre.
- Moridunon, la Lune.

Six sphères s'interpénètrent à partir de Nemved jusqu'à Yenved. Trois à gauche et trois à droite.

La structure arborescente commence dans Nemved émanant des trois rayons nés dans Gwenved.

Le sommet de l'arbre est la jonction de l'interpénétration, dans la sphère de Nemved, de la sphère gauche et droite juste dessous.

L'Arbre a quatre branches vers la gauche de bas en haut : Capricorne, Bélier, Cancer et Balance.

L'arbre a quatre branches à droite de bas en haut : Sagittaire, Poissons, Gémeaux et Vierge.

Le tronc entre les quatre branches supérieures est le Verseau.

Le tronc central séparant les branches supérieures des branches inférieures est identifié avec le Taureau.

Le tronc entre les quatre branches inférieures est identifié avec Lion.

Le tronc inférieur entre les huit branches et la base en forme de croissant de l'arbre, qui est l'intersection du bas de la sphère gauche et droite dans Yenved est identifiée au Scorpion.

IV. LES CERCLES

1. Il dit : Selon la Parole des Anciens, d'heureuse mémoire, il y a trois cercles de vie : Le Cercle de Kougant, le Cercle de Gwenved, le Cercle d'Abred.

2. Il dit : Le cercle de Kougant est le plus éminent, hors duquel il est impossible de concevoir quelque chose, parce que tout ce qui existe est compris à l'intérieur.

3. Il dit : En Kougant, l'Inconnaissable reste caché dans sa transcendance. Toujours il fut voilà dans l'éternité de Kougant et il restera éternellement caché aux feux des créatures.

4. Il dit : De l'Inconnaissable, rien ne peut-être dit. Il est au-delà de toutes désignation et personne n'a accès jusqu'à Lui. Aucune définition ne le définit. ; aucun nom ni description ne le précisent, aucune connaissance ne Le contient ; Il n'admet pas la multiplication ; le changement ou la forme ; Il est le Principe, au-delà de l'un et du multiple ; l'Absolu immensément exalté au-dessus de tout.

5. Il dit : L'Inconnaissable créa le cercle de Gwenved comme un état de formes de lumière d'une multitude qu'aucun nombre ne peut recenser.

6. Il dit : En vérité, les formes de lumière de Gwenved ne sont que des Étincelles de la Lumière Insoutenable qui est dans le Principe.

7. Il dit : Comprenez, au commencement il y eut ceci : Une d'entre les formes de Lumière du Gwenved entre spontanément en méditation, se contempla elle-même et contempla ses semblables. Ce Rayonnant comprit de lui-même que ses semblables et lui avaient un Principe tout autre qu'eux-mêmes et qu'ils étaient impuissants à connaître. Il ne dénia alors à lui-même la divinité et la dénia à ses semblables et il l'attesta comme appartenant à son Principe.

Par cet acte même il mérita de recevoir le titre de Roi des Hauts-Rois de Lumière. C'est lui qui est appelé LUG dans les vieilles annales.

Cela étant, il reçut de l'Inconnaissable, en privilège à l'exclusion de ses semblables, la Sève Divine par laquelle il fut éternisé et garanti de toute erreur, altération et anéantissement.

Cependant, voici qu'un autre de ces Géants de Splendeur comprit ce qu'avait compris Lug, mais avec un retard sur lui. Il refusa de reconnaître la précellence dont Lug était investi du fait de l'avoir devancé et se représenta qu'il était à égalité avec l'Élevé.

BRAN, ainsi que le nomment les vieilles annales, se mit alors à prêcher la révolte autour de lui et tenta d'entraîner dans son également de nombreuses autres formes de lumière. Par cet acte, lui et ceux qui le suivaient déchurent de leur rang et s'isolèrent dans la sphère qu'ils avaient condensée autour d'eux.

Telle est l'origine première du cercle d'Abred.

Maintenant, il advient que le rebelle entra en méditation et à la suite de longues réflexions toute l'horreur et la détresse de sa situation lui apparurent. Il comprit que le cercle de son isolement était, par sa condition inférieure, soumis au temps et qu'il finirait un jour par disparaître totalement avec son contenu comme tout ce qui est non-divin et ne possède point le caractère d'éternité.

Éprouvant remords et réprobation de soi, BRAN se repentit de son attitude antérieure. Il intercéda auprès de Lug, implorant le pardon pour lui-même et ceux qu'il avait entraîné à sa suite.

Le très-Généreux excusa son faux pas. Sachant qu'il ne s'y était pas endurci, il lui pardonna son égarement. I le rétabli dans son état premier et lui communiqua une profusion de Sève divine par laquelle Bran se trouva immunisé de l'erreur et garanti de tout anéantissement à jamais, à l'instar des autres Rayonnants qui avaient reconnu l'Élevé pour Seigneur.

Mais durant que Bran intercédait auprès de Lug, ceux qui l'avaient suivi se rebellèrent contre lui, clamant que personne n'avait précellence sur eux puisque tous avaient été instauré initialement à l'égalité dans l'être.

« Va au-devant de ceux qui ont pris exemple sur toi après avoir couté tes paroles, dit Lug, appelle-les et délivre-les de ce dans quoi ils sont tombés. »

Bran se pencha sur eux avec sympathie et dit : « Nous avons trébuché, nous avons commis une erreur en refusant de reconnaître la précellence du Très-Glorieux qui nous devance et précède. Moi-même je me suis repenti de ce qui s'est passé en moi. Repentez-vous vous aussi, vous y trouverez félicité et triomphe. »

Mais à ce discours, ils répondirent d'un commun accord : « Ni toi, ni l'autre n'avez de préséance sur nous, puisque tous ensemble nous sommes l'unique création de l'Inconnaissable. »

Par cette réponse, ils enténébrèrent radicalement le fond essentiel de leur être. Ce qui avait été essence noble et lumineuse devint masse compacte, opaque et glacée. Agglutinés les uns aux autres, ils s'enfuirent planter leurs tentes dans une certaine large plaine qui est appelée le lieu de la perdition. Ils y élirent un chef. C'est lui que les vieilles annales nomment BALOR.

« Que faire pour les aider à se repentir et à revenir sur leurs pas ? » dit Bran.

« Les étincelles ne sont pas encore éteintes sous la glace, dit Lug, je vais construire un monde qui sera comme une échelle pour les aider à remonter. »

Puis l'Aide suprême projeta Son Souffle en une triple mélodie de Puissance, de Perfection et d'Harmonie émise selon trois modes : 1- Du sommeil, en Yenved, où sont les plus endurcis ; 2- De la plainte, en Amved, où l'on sème, cultive et récolte ; 3- Du sourire, en Nemved, où est la Terre de Promesse, acompte de la réintégration finale.

Ainsi par le jeu de la Triple Énergie en œuvre de nouvelles formes jaillirent de la masse ténébreuse ; elles croissèrent et se multiplièrent dans le flux et le reflux constant sur l'Arbre de Vie créé pour la libération des prisonniers des abysses.

« Que quiconque est chef soit pont, dit Bran, par ma faute ils se sont perdu, par moi aussi ils se sauveront ; dispose de ma vie en conséquence. »

« Il est juste, dit Lug, que celui qui fut le premier d'entre eux attende le retour du dernier d'entre eux. »

Ayant di, Lug trancha la tête de Bran et la disposa au sommet de l'Arbre. Depuis c'est elle la source de la Sève Divine, la Rosée de Lumière qui irrigue le tronc, les branches et le feuillage en Abred.

V. LA DAME

1. Il dit : La Déesse des déesses, glorifié soit son nom ! Elle est une et trois et neuf. C'est la mère qui fait éclore et fleurir toutes choses ; mais Elle et Son enfant ne sont pas identiques.

2. Il dit : Dana silencieusement tisse derrière les formes ; toutes les créatures sortent de son métier et toutes retournent sur le métier tant que cela est nécessaire.

3. Il dit : Dana est l'Energie créatrice, l'Indéfectible Puissance, la Force cosmique qui soutient l'univers, la Grande Magicienne qui anime la Multiplicité.

4. Il dit : Dana agit dans les étoiles comme dans votre monde, dans les eaux comme dans les plantes, dans les animaux comme dans l'homme ; Elle est la Mère des Dieux, étrangère à nulle naissance.

5. Il dit : Dana sait mieux que personne ce qui est nécessaire à chacun, et Elle y pourvoit en temps et lieu opportuns ; Son office suprême est de faire croître l'enfant de lumière et d'immortalité.

6. Il dit : En vérité, Elle veille, Elle attend et Elle va chercher celui qui est abandonné ; Elle dirige la conscience et la conduit d'illumination en illumination jusqu'à la plénitude de la lumière.

7. Il dit : Comprenez, Dana est la Toute-Puissance du Tout-Puissant, la Flamme de Délice ; en Elle reposent lettres, stances, mélodies et formules ; sans Elle le monde périrait.

VI. LE NWYVRE

1. Il dit : C'est par le jeu du Triple Feu Secret que travaille l'Artiste Suprême.

2. Il dit : Ce Parfum de Dieu, ce Souffle créateur est le Serpent-Bélier des âges et du pouvoir qui va à travers toutes choses et s'ouvre un chemin brûlant dans l'abîme.

3. Il dit : Les Trois Dards de force aux trois mèches, feu électrique, feu par frottement et feu solaire, sont les trois aspects de Sa Volonté Toujours Agissante.

4. Il dit : Les Neuf manifestent pleinement les Trois et tous sont Un fondamentalement.

5. Il dit : Apprenez dès cette vie à fusionner les Trois Courants de la Puissance la plus redoutable que l'homme ait reçue en prêt, car c'est par L'Unvanaertan que peut croître l'awen et que l'élévation devient possible ; sa maîtrise accorde tous les pouvoirs en ce monde.

6. Il dit : En vérité, l'union des Trois et son cheminement correct marque l'ouverture du processus libérateur ; la beauté entre alors dans les passages obscurs de la pensée, car là où s'unissent les Trois le quatrième réalise l'unité et le gui peut croître sur l'arbre.

7. Il dit : Comprenez, le profus et tourbillonnant Feu Secret qui donne sa clarté au Soleil, darde et flamboie à travers les profondeurs de l'univers, c'est cette Force qui veille aux racines de la croissance, qui libère le joyau de sa gangue, le taille et lui permet de jeter la plénitude de son rayonnement.

VII. LES DIEUX DE DANA

TARANIS, ANDARTA :
- Dagodevos, Arduinna | harpiste, sagesse | 1 (Tête du dragon), 10 (Bélier), 100 (Capricorne)
- Nodons, Morrigana | Combattant, connaissance | 4 (Mars), 40 (Lune), 400 (Neptune)
- Sukellos, Nantosuelta | Bonzier, méditation | 7 (Saturne), 70 (Pallas), 700 (Cancer)

ESUS, SIRONA :
- Ogmios, Bodva | Chroniqueur, compréhension | 2 (Sagittaire), 20 (Poissons), 200 (Mercure)
- Medros, Matrona | Guérisseur, recherche | 5 (Vierge), 50 (Terre), 500 (Neptune)
- Smertrios, Rosmerta | Charpentier, instruction | 8 (Gémeaux), 80 (Lune noire-Lilith), 800 (Jupiter)

BELENOS, BELISAMA :
- Kernunnos, Rigantona | Magicien, intelligence | 3 (Taureau), 30 (Verseau), 300 (Pluton)
- Maponos, Epona | Echanson, science | 6 (Uranus), 60 (Vénus), 600 (Lion)
- Gobannions, Brigantia | Forgeron, Poésie | 9 (Scorpion), 90 (Soleil), 900 (Queue du dragon)

VIII. LES TRIBUS DE LA DÉESSE

1. Il dit : Sous l'égide des trois Dynasties, il y a neuf Tribus groupant neuf Hiérarchies qui forment l'ensemble des armes créatrices :

    - La Hiérarchie des Sceptres de sagesse, de la Tribu de Dagodeves, de la Dynastie de Taranis.

    - La Hiérarchie des Arches de Gloire, de la tribu d'Ogmios, de la Dynastie de Esus.

    - La Hiérarchie des Trônes d'Harmonie, de la Tribu de Kernunnos, de la Dynastie de Belenos.

    - La Hiérarchie des Chandeliers de Victoire, de la Tribu de Nodons, de la Dynastie de Taranis.

    - La Hiérarchie des Cœurs de Flamme, de la Tribu de Medros, de la Dynastie de Esus.

    - La Hiérarchie des Princes de Lumière, de la Tribu de Maponos, de la Dynastie de Belenos.

    - La Hiérarchie des Colonnes de Puissance, de la Tribu de Sukellos, de la Dynastie de Taranis.

    - La Hiérarchie des Ailes de Majesté, de la Tribu de Smertrios, de la Dynastie de Belenos.

2. Il dit : Les Tribus et les Hiérarchies sont toutes reliées les unes aux autres et travaillent consciemment dans le cosmos ; elles représentent la totalité de l'instrument actif et le résultat de son action.

3. Il dit : C'est par les Dynasties, avec les Tribus et selon le numéro correct des Entités Hiérarchiques, que le Mystère de cet univers est bâti.

IX. LES COULEURS

1. Il dit : Vert l'Arbre de haute futaie sur lequel sont produites toutes les merveilles de la Création ; dans ses branches les oiseaux font leur nid, les hommes et les dieux ont leur place.

2. Il dit : La Parole des Anciens, d'heureuse mémoire, attribue le rouge à Tiranis, le bleu à Esus, le jaune à Belenos.

3. Il dit : Douze sont les couleurs de la palette couverte par l'Arbre du monde ; trois et neuf :

    -   Blanc pour Newved. Rouge pour Amved. Noir pour Yenved.

    -   En haut : Rouge + blanc à gauche ; bleu + blanc à droite ; jaune + blanc au centre ;

    -   Au milieu : Rouge + rouge à gauche ; bleu + rouge à droite ; jaune + rouge au centre ;

    -   En bas : Rouge + noir à gauche ; bleu + noir à droite ; jaune + noir au centre ;

X. LES SCIENCES

1. Il dit : Aux Trois Courants d'énergie par lesquels se propage la Volonté du Créateur, correspondent les trois Sciences qui répondent aux besoins de ceux qui cherchent passionnément la libération :

   - La Grande Science des Arcanes, que dispense Taranis, la force qui écarte Ion obstacles par le pouvoir de la gnose et de la sagesse, et c'est l'apanage de celui qui sait.

   - La Grande Science qui éclaire, que dispense Esus, la force qui écarte les obstacles par le pouvoir de la dévotion et de la contemplation, et c'est l'apanage de celui qui voit.

   - La Grande Science du soleil, que dispense Belenos, la force qui écarte les obstacles par le pouvoir de la synthèse et de l'action, c'est l'apanage de celui qui agit.

2. Il dit : La Grande Science Complète les rassemble toutes, et c'est l'apanage du Kelc'hier.

3. Il dit Les Sciences ne sont pas en contradiction les unes avec les autres ; toutes conduisent au même but et vous rendent parfait.

XI. LE GRAND ŒUVRE

1

1. Il dit : Selon la Parole des Anciens, d'heureuse mémoire, le Grand Œuvre est la transformation de toute chose de l'état vil à l'état précieux, de l'état impur à l'état pur, de l'état sombre à l'état lumineux, symbolisés par la transmutation du plomb en or.

2. Il dit : La matière première doit être acceptée telle qu'elle existe et doit être traitée telle qu'elle est.

3. Il dit : Apprenez la longue patience nécessaire à l'œuvre ; soyez prêt à sacrifier ce qui est moindre lorsque ce qui est plus vaste est perçu.

4. Il dit : Toute l'activité de l'homme doit se concentrer à seule fin de former un être de lumière.

5. Il dit : Il ne faut point rêver ni prendre de repos, il faut peiner et moissonner, suivre la voie en regardant vers le haut.

6. Il dit : En vérité, les trois victoires doivent être remportées au plus tôt.

7. Il dit : Comprenez, ceux qui désirent réussir entrent dans l'épaisseur de l'Arbre qui est le chemin de vie.

2

1. Il dit : C'est seulement la rébellion qui produit la souffrance et le chagrin ; la paix se trouve derrière les énergies qui se battent.

2. Il dit : Réconciliez-vous avec vous-même, ne vous identifiez pas aux circonstances, restez ferme comme l'acier dans la blessure.

3. Il dit : Nul ne hait plus l'arbre que la terre qui le porte, mais l'heure à laquelle fleurit l'églantier est celle où l'homme entre dans son éternité.

4. Il dit : Ne mettez pas le chaudron sur le feu alors que celui-ci est éteint.

5. Il dit : Le forgeron descend dans les profondeurs pour y trouver le matériau avec lequel il pourra exprimer son art et façonner ce qui est beau.

6. Il dit : En vérité, seule la main armée peut être utilisée dans le Grand Œuvre.

7. Il dit : Comprenez, le but d'ensemble peut seulement être perçu lorsque chaque fils de roi a consciemment accès à son héritage divin.

3

1. Il dit : C'est d'une manière croissante que les âmes viennent à elles-mêmes.

2. Il dit : La Parole des Anciens d'heureuse mémoire, dit que le cœur de la doctrine n'est pas révélé aux esclaves. Il est exact qu'on ne le divulgue qu'à l'homme de bien qui désire l'entendre seul.

3. Il dit : Celui qui a connu les murs de la prison passe dans la lumière les yeux ouverts.

4. II dit : L'unification souhaitable n'implique pas la négligence à l'égard de rien, mais sous-entend les soins attentifs à chaque partie afin qu'elle puisse contribuer au bien-être de tout organisme.

5. Il dit : Partez en quête de l'or, le corbeau sera visiblement nourri et la Voix qui parle dans le silence vous dira ce que vous devez faire.

6. Il dit : En vérité, lorsque le minerai est fondu, la grange brûle avec l'alliage.

7. Il dit : Comprenez, toutes les souffrances sont comme le tamis où le grain se trie et se sépare.

4

1. Il dit : Si vous apprenez ce qu'est le don de la vie, vous serez initié au secret de l'amour.

2. Il dit : Il faut aimer tout ce qui vit mieux que soi-même.

3. Il dit : Soyez un avec la vie de toutes les formes, vous entrerez plus facilement dans le cercle extérieur de Celui qui est à l'origine de toute chose.

4. Il dit : Le plaisir nourrit et libère autant que la souffrance.

5. Il dit : Là où Dieu vous a semés, il faut savoir fleurir.

6. Il dit : En vérité, tout est permis, car vous ignorez les voies de Dieu et ne savez pas si elles ne passent point par les excès et les erreurs.

7. Il dit : Comprenez, la perfection de chaque chose c'est de se dépasser soi-même.

5

1. Il dit : Un mystère ne demeure un mystère que dans la mesure où l'ignorance et l'incroyance existent.

2. Il dit : L'artiste sépare pour mieux réunir et n'attend pas de récompense. Ceux qui font le contraire n'ont pour nourriture que des épines.

3. Il dit : La puissance enclose dans le corps, connue véritablement et maniée comme il convient, elle accorde l'omniscience et la libération.

4. Il dit : Si de la Coupe trois gouttes débordent et tombent sur la paume de celui qui la tient, jamais plus il ne s'égarera en cheminant dans la forêt des dépouilles.

5. Il dit : Il n'y a pas de joie comparable à celle qui survient quand l'œuvre est achevée.

6. Il dit : En vérité, savoir ne suffit pas, il faut boire et respirer les parfums de la chaude réalité.

7. Il dit : Comprenez, sortir de la Cité basse c'est gagner en hauteur ; gagner en hauteur signifie qu'il y a quelque chose de changé dans votre mode d'être, cela suppose que vous soyez transformé et allégé.

6

1. Il dit : Les pilleurs de trésors jouissent de l'hospitalité du Généreux.

2. Il dit : L'acier de l'épée qui s'est transmué en or sous l'attouchement de la pierre philosophale garde sa forme mais ne peut plus blesser personne.

3. Il dit : Le Kelc'hier connaît les Dieux et les forces, mais il maintient dans sa conscience la volonté de les dépasser.

4. Il dit : Quiconque juge et s'apitoie sert le passé. Oubliant les choses qui se trou vent dans le passé, vous irez de l'avant et élargirez le canal de contact.

5. Il dit : Les Neuf Paroles des anciens sages, c'est par elles qu'ont été créées les harmonies du monde ; par elles qu'elles sont développées, par elles qu'elles sont interprétées.

6. Il dit : En vérité, la compréhension du secret caché sous l'écorce de l'existence est toujours acquise au prix du sang.

7. Il dit : Comprenez, nulle science n'a de valeur si elle ne poursuit pas la libération de l'homme.

7

1. Il dit : La réconciliation avec soi-même est la première victoire, le fondement de l'œuvre qui permet l'éclosion de la forme de lumière parfaite.

2. Il dit : Soyez à tout instant ce qui est, et la séparation s'évanouira car l'inaltérable aura tout envahi.

3. Il dit : Conquérir ce qui est éternel, est la seule chose qui vaille.

4. Il dit : Ceux qui triomphent des pièges de la citadelle obscure s'élèvent dans la hiérarchie de lumière. Les assiégés comptent, sur leur discipline pour se dégager de l'étreinte des assiégeant.

5. Il dit : Jetez trois gouttes sur la lame incandescente ; suivant que l'élixir a été préparé au rouge ou au blanc, elle rougira ou blanchira intérieurement ou extérieurement.

6. Il dit : En vérité, toutes les passions et toutes les actions doivent être dirigées vers Lui.

7. Il dit : Comprenez, unis par le lien d'une parfaite équité, les Galaadiens partent à l'aventure sur le chemin du milieu ; tous sont armés, et tous doivent vaincre, mais pas tous de la même manière.

8

1. Il dit : Les servitudes doivent être employées pour briser toutes les servitudes.

2. Il dit : La roue de Kroui ne tourne pas comme la roue d'un char, soit en avant, soit en arrière ; elle tourne dans les deux sens simultanément.

3. Il dit : De quelque côté que se tourne sa monture, le quêteur n'a d'autre religion et d'autre loi que la Liberté.

4. Il dit : A l'achèvement, le pèlerin errant dans la nuit devient l'enfant couronné d'or et pénètre par la porte de son arbre radieux.

5. Il dit : Il faut semer sans compter ses grains ; mais celui qui plante une mauvaise graine et s'attend à un bon résultat espère en vain.

6. Il dit : En vérité, étranges sont les voies du Grand Enchanteur, mais II fait tout pour le mieux.

7. Il dit : Comprenez, rien n'a été créé au hasard, mais en vue du terme assigné à tous.

9

1. Il dit : Le grossier doit être transmué en subtil ; progressant vers le plus subtil vous atteindrez votre objectif.

2. Il dit : Entre l'Arbre et le Grand Œuvre il n'y a aucune différence, car les douze se répartissent dans le quatre, et la grande transmutation trouve sa consommation au sommet de la montée lorsque la gangue révèle sa gemme cachée qu'est accompli le travail de la taille et du polissage. Alors la gloire du joyau incomparable se révèle en ses trois qualités : dureté, pureté, transparence.

3. Il dit : L'intensité de lumière dans le monde dépend du nombre de vos frères réelle ment lumineux.

4. Il dit : Ayez la foi en ce que vous devez être ; cet idéal viendra puisqu'il est le but placé devant vous.

5. Il dit : L'imperfection n'est pas un empêchement, car tous sont imparfaits.

6. Il dit : En vérité, cette vie est la bonne méthode puisque vous êtes le résultat du passé

7. Il dit : Comprenez, le mal est ce qui peut être dominé et soumis, mais à qui l'on permet de gouverner.

10

1. Il dit : Selon la Parole des Anciens, d'heureuse mémoire, la Terre de Promesse et toutes ses merveilles n'est point l'ultime étape.

2. Il dit : Rien n'est totalement dépourvu de beauté, par conséquent toute chose est capable de vous donner la joie.

3. Il dit : L'expérience vécue sur les trois colonnes sans âge ni défaut est le secret du cruciforme transposé.

4. Il dit : Tout est cerclé exactement par Celui qui plante, arrose et donne la croissance.

5. Il dit : Demeurez stables et allez de l'avant sans vous laisser entamer.

6. Il dit : En vérité, à quiconque donne, les richesses du ciel se déversent sur lui.

7. Il dit : Comprenez, le châtiment est la trans- mutation des anciennes erreurs.

11

1. Il dit : L'œil parfait est l'organe par lequel se déverse. L'énergie du créateur vers ses instruments de service.

2. Il dit : N'entretenez pas la séparation, mais tirez de vous-même une impérissable lumière. Les remords tardifs des ascètes stériles resteront vains.

3. Il dit : Il incombe à l'homme supérieur de ne chercher que ce qu'il est possible d'atteindre.

4. Il dit : L'envolée se fait dans la pointe qui monte, la fusion s'accomplit dans le cône.

5. Il dit : Aucune matière purification ne sera laissée sans purification.

6. Il dit : En vérité, vos choix vous entraînent et vous êtes le fruit de vos œuvres.

7. Il dit : Comprenez, si aujourd'hui vous souciez du lendemain vous perdez jour présent qui fuit avec votre vie précieuse.

12

1. Il dit : L'ascension doit être constante avec ce qu'offre à chaque instant la totalité des choses.

2. Il dit : Ce qui a été semé dans le passé portera fruit en cette vie si le sol est approprié.

3. Il dit : La liberté toujours se forme au contact d'une autre liberté.

4. Il dit : A chaque butin doit être invoqué le Possesseur des trésors.

5. Il dit : Jetez-vous dans Son brasier et dansez avec les flammes, c'est le bon moyen pour purifier les scories.

6. Il dit : En vérité, la main armée est une main vide.

7. Il dit : Comprenez, il serait vain de prétendre dépouiller l'écorce avant le temps de la maturité.

13

1. Il dit : L'élimination de l'égo est le premier remède pour assurer votre libération de l'enchaînement causal.

2. Il dit : Priez pour soi est l'expression la plus abjecte de l'égoïsme. Priez pour tous, car le, plus restreint est inclus dans le plus grand et l'accomplissement de l'homme ainsi que la nature de sa libération n'ont lieu qu'en corrélation avec la grande forme d'existence en Abred dans laquelle se trouvent vos formes infinies.

3. Il dit : Suivez le fil brillant filé par l'hermine à travers ce monde où les Galaadiens construisent une œuvre inviolée.

4. Il dit : Tout poignard qui sert son maître est bon, et tout crime a sa beauté et son prix.

5. Il dit : Un esclave ne peut élaborer aucune individualité, et jamais la liberté n'a pris son gîte en un lieu où habite la tristesse. Mais dans la demeure qui renouvelle la noblesse de l'homme noble, la Coupe circule aux mains d'adolescents ayant soumis le temps à leur propre joug.

6. Il dit : En vérité, la forme est la vigne, l'âme est le vin.

7. Il dit : Comprenez, telle une vigne vous fleurirez, votre parfum embaumera et vos fleurs produiront de riches et lourdes grappes.

14

1. Il dit : Chaque étape de la remontée a été prévue le long de chemins divers convenants à vos natures variées.

2. Il dit : La misère de la vie humaine est due à l'ignorance, mais pas n'importe quelle ignorance ; la libération est due à la science, mais pas n'importe quelle science. La vraie science libératrice attire l'homme vers le zénith, là où resplendit la lumière la plus haute de toutes.

3. Il dit : Voyez sa Main en toutes choses et prenez la route qui mène à la source du contentement.

4. Il dit : Dans la beauté radiante et la géométrie du diamant radiante dédécaédrique gît la gloire de la transmutation finale.

5. Il dit : L'échelle doit être parcourue de maintes façons différentes jusqu'à ce qu'elle disparaisse dans la conscience exacte des choses.

6. Il dit : En vérité, seul le doute au cœur de l'homme est un voile impénétrable.

7. Il dit : Comprenez, chaque pas fait sur la Terre doit être comme une prière.

15

1. Il dit : Pourquoi désirer une chose que vous n'êtes pas en mesure de posséder ? On ne peut s'élever qu'à la mesure de sa capacité ; on ne peut atteindre le son- met que degré par degré.

2. Il dit : Les chercheurs dévoyés qui ne comprennent pas la cause du monde créé perdent à jamais le sommeil et le repos.

3. Il dit : Circonscrivez votre désir, invoquez et concentrez le pouvoir, et en un éclair la chose sera faite.

4. Il dit : Toujours, l'acte qui met fin à la vie, vous l'accomplissez de vos propres mains.

5. Il dit : La vie est immense : ce qui est passé est caché en elle, et aussi ce qui est à venir.

6. Il dit : En vérité, quiconque gaspille sa vie, se nourrit de son propre sang.

7. Il dit : Comprenez, celui qui pratique la dissection de son propre moi travaille sur un sol propice.

16

1. Il dit : Plus une forme est dégagée de l'opacité, plus complète est sa présence à soi-même.

2. Il dit : Le Royaume est en vous et en toute chose ; il est à l'intérieur et à l'extérieur, comme la saveur sucrée est en chacun des points du morceau de sucre.

3. Il dit : L'attachement rend malheureux, non l'action ; voyez les choses telles qu'elles sont et travaillez pour le but le plus élevé.

4. Il dit : La feuille, toute verte qu'elle est, tremble et frémit, puis jaunit et finit par tomber ; pas plus qu'elle vous n'êtes ici impérissable. Sachant que la mort est inéluctable, tâchez d'en faire votre profit.

5. Il dit : La règle qui s'impose, est d'être toujours présents ; pour le reste ne vous souciez de rien !

6. Il dit : En vérité, l'esprit qui a pris son essor vers le Divin aucune obligation ne peut le lier.

7. Il dit : Comprenez, il vous faut naître de nombreuses fois.

17

1. Il dit : Si l'on perd le capital qu'est cette vie on ne pourra le compenser dans l'autre.

2. Il dit : Vous êtes trois en un. La transformation des pierres brutes en pierres vivantes ne peut s'accomplir que lorsque les deux s'unissent au troisième dans le quatrième.

3. Il dit : Pas plus que l'enfant qui vient au monde ne désire réintégrer le sein maternel, pas davantage celui qui quitte ce monde pour les hautes sphères ne veut revenir ici-bas.

4. Il dit : Le maître réside dans le serviteur mais ne prenez pas le maître.

5. Il dit : Dieu fait toutes choses pour le mieux. Réconciliez-vous avec le sort qu'il vous a choisi.

6. Il dit : En vérité, l'artiste intelligent élimine les désirs négatifs et se sert des désirs positifs pour son perfectionnement.

7. Il dit : Comprenez, au fur et à mesure que la transmutation avance et que votre degré spirituel s'élève, votre corps de lumière se parachève.

18

1. Il dit : Celui-là est insensé qui se croit irresponsable du malheur d'autrui ; il ne tarde pas à être lui-même plongé dans l'affliction.

2. Il dit : La mémoire constante du but permet de toujours retrouver un moyen de rejoindre la bonne trace perdue.

3. Il dit : Les épreuves de chacun sont calculées pour vous permettre d'acquérir les qualités nécessaires à votre avancement.

4. Il dit : Toutes les circonstances dans lesquelles Pieu vous place ont leurs avantages, il faut seulement vous en rendre compte.

5. Il dit : Dans la traversée de l'abîme, il n'est pas possible de vivre à demi, il faut tout engager et accepter complètement la condition qui vous est faite.

6. Il dit : En vérité, le Galaadien ne craint pas d'affronter les formes diverses l'amour et de la lutte sanglante, il respire librement et vit pleinement sans remords du passé ni anxiété du futur.

7. Il dit : Comprenez, dans la région mixte tout est possible.

19

1. Il dit : Élevez-vous ! Sortez du froid linceul de vos limitations, prenez votre essor et dansez avec les artistes dans l'Arbre.

2. Il dit : Pour l'âme libérée, toutes choses soi occasions de jouissance.

3. Il dit : Dégrossissez, plissez le granit jusqu'à la perfection totale du diamant radieux brillant de tous ses feux dans la lumière de beauté.

4. Il dit : La répétition constante de la formuler efficiente est en ce cycle le chemin le plus facile et le meilleur pour obtenir la libération et réaliser votre plus grand Moi.

5. Il dit : Sur l'abrupt sentier en spirale, surveillez votre monture afin qu'elle ne trébuche.

6. Il dit : En vérité, le péché est restriction ; aussi n'aurai-je pas de pitié pour ceux qui hésitent, mais aux autres sera la couronne de vie.

7. Il dit : Comprenez, la seule chose sensée est d'affronter les difficultés et de les conquérir dès cette vie et dans ce corps.

20

1. Il dit : Durs, nobles, libres, victorieux sont les Celtes qui se hissent sur les cimes de la grandeur et transcendent les vicissitudes de la vie à travers le flux et le reflux constant où l'âme se forge et se trempe.

2. Il dit : L'utopie veut qu'au fond du puits le ciel apparaisse aussi grand que le couvercle d'une marmite.

3. Il dit : Dans les cercles inférieurs, vous vous lamentiez tristement et n'étiez guère à l'abri du froid et de la faim quand vous tiriez les chairs et les charrues. Voici, l'amertume et la puanteur n'ont pas dessillé vos yeux.

4. Il dit : Le Galaadien prend refuge dans la tempête et ne reste pas à croupir dans le coin des heures ternes.

5. Il dit : Régénérez-vous en vue de réintégrer l'antique séjour de félicité.

6. Il dit : En vérité, celui qui de la beauté ne voit qu'une face ne possède pas la vision juste.

7. Il dit : Comprenez, cette beauté qui est lumière, c'est celle de votre être véritable.

21

1. Il dit : Ne Jetez pas la vie au vent, car comme lui vous passez. C'est ici et maintenant que doit s'accomplir la tâche de l'homme.

2. Il dit : L'Arbre aux trois Jets qui donne douze fois ses fruits dans l'année, il croît pour que la forêt embaume et reverdisse.

3. Il dit : Est bien ce qui vous comble, est mal ce qui vous détruit ; éveillez-vous à vous-même et recherchez ce qui ne périt jamais.

4. Il dit : Si un homme qui étudie sérieusement la voie de libération vous interroge trois fois, ne répondez qu'une foi sans vous faire prier, mais sans paroles inutiles.

5. Il dit : Par les œuvres et la discipline de soi, les Galaadiens aiguisent l'épée étincelante avec laquelle ils fraieront le chemin à ce qui est immortel.

6. Il dit : En vérité, de l'assouvissement qu'attend l'existence, nul n'en est exclu, nul n'y échappe.

7. Il dit : Comprenez, le creuset est l'Or même quand la Pierre se fait Arbre.

22

1. Il dit : Celui qui a conquis le Graal possède le secret de la mort joyeuse.

2. Il dit : Les plaisirs de la vie fortifient l'élan des hommes vers les tâches difficiles

3. Il dit : Cette troupe de Joueurs sur l'échiquier, ils acceptent par avance ce qui va leur échoir, ils ont choisi de risquer leur vie dans l'aventure, ils combattent sans répit et ont fait de la guerre un temps de sécurité pour leur vie.

4. Il dit : Temple où la Puissance se manifeste, un corps est nécessaire à l'Art. Malheur au prince qui n'a de goût ni pour le garçon bouclé ni pour la fille aux cheveux d'or !

5. Il dit : Lorsque chaque avenue a été explorée sans résultat, il est légal de prendre l'épée ; mais qui fait la guerre sans motif sera tué par ses propres armes.

6. Il dit : En vérité, le gain et la perte ne font qu'un.

7. Il dit : Comprenez, celui qui pratique la loi de Liberté est un exécuteur exact.

23

1. Il dit : Tant que de vos crânes vous n'aurez pas fait une coupe, le feu que vous avez allumé ne brûlera point !

2. Il dit : Oubliez vos peurs et vos faux espoirs ; tuez la certitude d'autrui et frappez celui qui vous a frappé ; rangez-vous en ligne de bataille et écartez tous ceux qui sont maladroits au corps à corps.

3. Il dit : Selon la Parole des Anciens, d'heureuse mémoire, il y a quatre fûtes et trois boissons réservées ; mais y est seulement lorsque le plus grand des trois désirs guerriers sera mis en jeu sur le monde que les rivières verseront des flots de lait et de miel, et que la lune, rétablie en son état originel, deviendra couronne magnifique pour les rajeunis.

4. Il dit : Comme l'aigle qui erre dans la forêt et, dès l'aurore, se repait des victimes de ses ruses, ne lâchez pas votre proie que vous ne soyez pleinement rassasié.

5. Il dit : Il y a des moyens sûrs pour satisfaire tous les désirs. Lorsque les désirs qui tiennent au cœur ont été réalisés, le mortel devient immortel.

6. Il dit : En vérité, toute victime est un coupable qui expie les fautes anciennes.

7. Il dit : Comprenez, conciliez la dureté et douceur est bien, mais tuer une vipère en épargnant ses petits n'est pas sage procédé. N'ayez aucune pitié de l'adversaire réduit à merci, car il n'aura aucune pitié pour vous si la situation est renversée.

24

1. Il dit : Placez-vous au centre de l'anneau et laissez les choses s'accomplir spontanément. Votre seule richesse est d'être homme du présent ; l'insensé avance et recule sans cesse.

2. Il dit : La concentration des rayons épars du Feu Secret selon la voie choisie avec les clés du son, du parfum et de la couleur, est absolument indispensable au progrès de la parfaite réalisation du Grand Œuvre.

3. Il dit : Spiritualisez vos œuvres, tournez-vous vers Lui, unifiez consciemment votre volonté à celle de Dieu.

4. Il dit : Polissez le granit de tout ce qu'il a d'anguleux, et gravez-y Mon Sceau en lettres immortelles.

5. Il dit : Sur chaque plan résonne une note différente mais la septième avale toutes les autres.

6. Il dit : En vérité, la Musique Divine résonne en chacun de vous ; c'est en harmonie avec elle que le monde entier est réglé.

7. Il dit : Comprenez, Dieu aide ceux qui s'aident eux-mêmes. Devenez conscient du Plan Divin, abandonnez tout scepticisme et mettez-vous en harmonie avec le Chant Suprême qui procure l'essence de la joie et de la liberté.

25

1. Il dit : La victoire sur soi-même est une victoire sur le monde limité.

2. Il dit : Travaillez sans relâche à votre réel avancement. C'est en forçant son naturel, c'est en voulant toujours faire davantage que l'intelligence découvre ses ressources.

3. Il dit : Long fut votre voyage à travers maintes naissances. Il est indispensable aujourd'hui de porter la hache à la racine de l'erreur afin de trancher les mauvaises causes.

4. Il dit : La dualité doit être dépassée. Puis les trois passent à quatre et se réalise la suprême unification du réel.

5. Il dit : Dans l'alambic du cœur, à travers l'athanor de l'affliction, par l'acquiescement et la soumission, vous chercherez et trouverez la vraie Pierre des Sages.

6. Il dit : En vérité, quand sont prises les sept initiations, l'homme peut s'établir au centre et agir comme distributeur d'énergie divine dans toutes les directions.

7. Il dit : Comprenez, la liberté ou l'esclavage, il n'y a pas d'autre alternative. Mais c'est un art noble et spécial que celui qui transforme l'opacité en lumière, l'esclavage en liberté.

26

1. Il dit : Si du mal vous tirez un surcroît dévié, la souffrance saura vous apprendre les parfums qui vous conviennent.

2. Il dit : Il n'y a pas d'efforts perdus et rien n'est à rejeter dans la quête de la longue vie.

3. Il dit : C'est au centre les plateaux, au moyen de la roue, que la véritable perspective et l'action juste peuvent être entrevus correctement.

4. Il dit : Retirez-vous dans le silence et mettez-vous à l'unisson du tout. Puis partez à l'aventure. L'adhérence au chemin choisi et l'union des opposés amèneront le quêteur sur le sommet éclairé dans la joie du succès prouvé.

5. Il dit : Par la fusion et le mélange, appliquant sa libre volonté créatrice, le magicien réordonne le chaos de façon que la beauté puisse rayonner.

6. Il dit : En vérité, ce qui purifie et perfectionne l'âme est le bien, ce qui l'affaiblit et l'éloigne de Dieu est le mal.

7. Il dit : Comprenez, l'action et l'intention sont liées.

27

1. Il dit : Celui qui a trouvé son maître n'a plus qu'à se laisser grandir. N'ayez d'autre maître que Lui, Celui qui sait tout ; la générosité même.

2. Il dit : La condition de tout ce qui est opaque et dense est de tendre vers l'en-bas ; la condition de tout ce qui est subtil est de s'élever, de tendre vers le haut. Par la mise en pratique du secret de la transformation du venin en nectar, le plus pur et le plus subtil dans la racine de l'Arbre monte jusqu'où il devient fleur.

3. Il dit : Le monde est parfaitement adapté au rôle qu'il doit remplir. Vous devez y travailler suivant les règles de ce qui doit être fait, rejetant ce qui ne doit pas être fait, poursuivant sans relâche votre propre bien supérieur.

4. Il dit : Ce chant qui élève et dilate, il est joué sur des cordes faites avec vos propres nerfs tendus sur la harpe du corps.

5. Il dit : Consentez aux désagréments temporaires en vue de la gloire future qui dissipera les nuages de l'heure présente.

6. Il dit : En vérité, la pureté des coupes tient à la pureté du sens caché.

7. Il dit : Comprenez, l'air attire le Feu Intérieur à la jonction des trois ; par ce moyen on s'engage dans le chemin de libération, mais les forces doivent être nouées de façon permanente pour que subsiste cette délivrance.

28

1. Il dit : Le créateur de soi-même cherche toujours des horizons nouveaux ; il gouverne sa propre vie et développe consciemment ses possibilités.

2. Il dit : Apprenez à demeurer silencieux, calmé et sans crainte, dans la haute région où la mer cerne la roche mais ne l'habite point.

3. Il dit : Le domaine de l'entrainement est la vie dans le monde et ses circonstances particulières.

4. Il dit : Mettez à profit chaque seconde tour rechercher l'antidote.

5. Il dit : Si le plaisir est bref, la souffrance ne trouvera pas de prise sur vous.

6. Il dit : En vérité, lorsque l'âme libre commande au lieu de prier ou d'implorer, tout ce qu'elle décide se réalise immédiatement.

7. Il dit : Comprenez, quand le Kelc'hier a atteint son but le plus élevé, il boit dans la Coupe de l'Echanson le lait à goût de miel de' l'extase.

29

1. Il dit : Franchir les limitations, cela ne signifie pas brûler les étapes ; les conséquences d'une ascension brusque sont toujours périlleuses.

2. Il dit : On ne traite pas le bois vert à l'égal du bois sec, mais rien n'est illicite car en réalité il ne s'agit que d'une seule et même chose.

3. Il dit : Celui qui se possède soi-même est sous le signe de son propre awen ; agissant en toute chose dans un sens ascendant, il ne pourra plus s'amoindrir.

4. Il dit : La seule perte à redouter est celle de la conscience de l'origine et de la fin.

5. Il dit : Celui qui aime un être pour sa beauté n'aime nul autre que Dieu, car Il est l'Etre-Beau.

6. Il dit : En vérité, le Divin ne peut être découvert que dans le sanctuaire de votre dévotion.

7. Il dit : Comprenez, lorsque les rameaux deviennent tendres et que les feuilles poussent, vous savez que l'été est proche, mais l'arbre n'a de chance de grandir et de devenir vénérable que si son bois ne vaut rien aux yeux du charpentier.

30

1. Il dit : Celui qui interroge se trompe ; qu'il soit maudit s'il prive de sang son épée !

2. Il dit : La vie consiste à parcourir le chemin qui mène de la semence au fruit.

3. Il dit : Il convient d'utiliser au mieux toutes les forces qui agissent dans cet univers.

4. Il dit : Le Graal a été porté par trois tables, une carrée, une bicarrée et une ronde, celle de Merlin. Le total de leur surface est six et sa gloire vingt et un.

5. Il dit : Sont également néfastes toutes les activités de l'homme ignorant les raisons de son existence.

6. Il dit : En vérité, l'homme est l'opérateur, la matinée opérée et le creuset en lequel il œuvre ; mais fixer le subtil est l'épreuve la plus grande.

7. Il dit : Comprenez, la réussite ne dépend pas seulement de la formule, mais de celui qui la prononce.

31

1. Il dit : Le grand secret consiste à mettre la théorie en pratique ; mais votre temps est court, c'est pourquoi il convient de ne tendre qu'un seul joug.

2. Il dit : Les désirs inaccomplis font pousser les fleurs de l'illusion.

3. Il dit : Vous êtes plus forts et plus riches que vous ne croyez, mais l'humilité est nécessaire ainsi que l'oubli de soi si l'on veut construire vraiment et correctement.

4. Il dit : Votre corps est la barque qui vous portera jusqu'à l'autre rive de l'océan de la vie ; faites-en sorte qu'il ne soit pas la nourriture des loups.

5. Il dit : Pour ceux qui tendent au-dessus d'eux- mêmes, la parfaite unification active des centres peut seule assurer la complète transformation.

6. Il dit : En vérité, le don que répand la Coupe n'est pas seulement la liqueur d'inspiration et d'extase, ni seulement cette onde qui coule et ne mouille pas les mains, mais aussi ce parfum réservé dont les volutes s'entrelacent par-delà l'écorce.

7. Il dit : Comprenez, un fils de roi professe la religion de la liberté ; il ne doit pas nourrir la crainte en son cœur, mais la hardiesse et la joie.

32

1. Il dit : L'harmonie, la paix et la liberté ne peuvent éclore, que dans la réalisation de l'unité intérieure de toute vie, comme aussi dans l'expression extérieure de cette même vie.

2. Il dit : La joie est ce qu'on éprouve lorsqu' on est ce qu'on doit être.

3. Il dit : La nature entière nous pousse vers la perfection ; mais prenez soin de vos armes, conservez purs l'air, le feu, l'eau et la terre ; tenez la poudre sèche et veillez.

4. Il dit : Tous mourront, et tous seront changés. Vous ne devez pleurer aucune créature, car que pouvez-vous contre l'inévitable ? Tout est comme il fallait que ce fut.

5. Il dit : Cherchez ce qu'il y a de plus haut, vous atteindrez ce qui est le plus haut.

6. Il dit : En vérité, un être ne se nourrit que de sa racine.

7. Il dit : Comprenez, il est temps pour vous de monter plus haut, tel un jeune aigle qui agrandi et dont les ailes, parvenues, à leur croissance, s'élancent vers la noblesse dans les hauteurs d'une vie parfaite.

33

1. Il dit : Le but du Grand Œuvre est de porter tout ce qui a vie à la plénitude de son achèvement.

2. Il dit : Triple est cette vision de Dieu sur le sentier qui mène au bonheur, à la liberté et à l'immortalité.

3. Il dit : Neuf Rayons jadis naquirent de l'Omni-vibration celui qui les connaît aujourd'hui peut parler avec vigueur.

4. Il dit : Tous les moments sont bons pour faire un roi avec une reine, mais la connaissance de la position correcte du feu sur l'autel est la clé essentielle.

5. Il dit : Le Multiple Artiste, Sa Volonté dirige le monde. Elle est tous les Dieux et toutes les Déesses, les Trois courants, les neuf rayons et les vingt-sept puissantes ondes subtiles.

6. Il dit : En vérité, le Dragon est quatre et il s'approprie trois.

7. Il dit : Comprenez, par l'abandon à la Volonté de Dieu, on échappe aux routes secondaires, et l'on arrive avec rapidité et sans encombre aux plans les Plus Hauts.

34

1. Il dit : On ne peut expliquer le goût de la pomme à qui n'en a jamais goûté ; de même, l'état suprême défie toute description.

2. Il dit : La perfection vient par le juste travail et la volonté ferme. Quand seront fondues les scories et-transmuées toutes les parcelles de plomb, vous serez élevés au sein de la Splendeur.

3. Il dit : Les inférieurs seront remis à la forge et sur l'enclume avant de redevenir socs de charrue.

4. Il dit : Ne recherchez ni la pauvreté ni la richesse ; seul importe le nécessaire car, qui donc, encombré d'un lourd fardeau peut monter à l'Arbre ?

5. Il dit : Le véritable héros est celui qui sait oser et mourir pour connaître l'ultime réalité.

6. Il dit : En vérité, il est possible aux âmes sages de hâter le Grand Œuvre, mais tout ne dépend pas de l'effort individuel.

7. Il dit : Comprenez, sur le sentier qui mène au Cœur de l'univers, tout est nécessaire : les profondeurs, les plaines les sommets.

35

1. Il dit : Par une vie libre et simple, axée entièrement sur Dieu, vous recevez l'inspiration et la lumière.

2. Il dit : Les choses qui ne sont pas en leur place s'agitent, mais quand elles ont trouvé leur place elles restent en repos.

3. Il dit : Celui dont l'oreille n'est ouverte qu'à l'erreur reste dans la servitude.

4. Il dit : Après le difficile vient le facile. N'est obscur que ce qui n'a pas besoin d'être clair.

5. Il dit : Là où eau, terre, feu et air s'unissent est le lieu propre à accomplir l'œuvre magique. Notez les couleurs du tissu en pulsation, entonnez les paroles qui aillent, et placez la forme sur la bonne voie.

6. Il dit : En vérité, quiconque est dans la voie juste, sa force s'accroît à chaque pas qu'il fait.

7. Il dit : Comprenez, le mystère de la vie est celé au sein du plus grand cercle.

36

1. Il dit : La défaillance, la défaite et la captivité doivent être expérimentées comme la victoire, le triomphe et la libération.

2. Il dit : Si vous voulez qu'il y ai gain il faut subir la perte ; si vous voulez tenir il faut détacher ; si vous voulez conserver il faut lâcher. Chaque pas en avant vers le but spirituel doit toujours être payé, et se fait en abandonnant ce qui, jusqu'alors, avait été aimé.

3. Il dit : Tout ce qui est fait par vous, pour vous et pour l'ensemble, servira vraiment à votre bénéfice.

4. Il dit : Vous devez extraire l'organisme subtil de l'élément ténébreux, par transmutation au moyen du feu, mais veillez à ce que la flamme dans le cœur ne soit pas étouffée sous les cendres.

5. Il dit : Le remède qui convient aux jours présents n'est pas celui que réclamaient les maux des âges antérieurs.

6. Il dit : En vérité, le pilier central, voie du multiple vers l'Un, est le guide lumineux de qui sait voir, sait œuvrer et peut monter.

7. Il dit : Comprenez, les étapes sont faites de visions pures, mais aussi de labeurs et de luttes, ce sont des corps à corps éperdus avant de devenir des extases apaisantes.

37

1. Il dit : Ride de sagesse nouvellement retrouvée, les convictions éphémères tombent une à une les grandes peurs s'éloignent, les souffrances vous quittent.

2. Il dit : Lorsque ce corps corruptible a revêtu l'incorruptibilité, lorsque ce corps mortel a revêtu l'immortalité, la mort est engloutie dans la victoire et le bénéfice espéré pleinement obtenu.

3. Il dit : Associez Dieu à vos œuvres, Il vous inspirera et vous progresserez avec rapidité dans les domaines que vous désirez.

4. Il dit : Il faut forger ses propres armes avant de réussir et de vaincre dans la lutte.

5. Il dit : Le Moi supérieur, c'est par la liberté intégrale, la vraie connaissance et l'action juste qu'il faut le gagner.

6. Il dit : En vérité, rien n'est un obstacle, tout peut être une aide, chaque chose est un moyen de libération. Le Seigneur se préoccupe de vous en tous lieux ; pourquoi donc craindre quoi que ce soit.

7. Il dit : Comprenez, dans toute la mesure où vous donnez, vous vous unissez avec l'infini.

38

1. Il dit : Par la fusion et la purification do la pierre noire, et par la judicieuse projection des élixirs, le granit devient Verre, le verre devient cristal, le cristal devient diamant, et l'âme atteint sa forme parfaite dans le dépassement des états.

2. Il dit : L'injustice est nécessaire à l'homme, comme l'aiguillon au bœuf.

3. Il dit : Arrivés au sommet les lumières convergents ; alors ce qui fut sans repos, sauvage comme une mer tempétueuse, repose calme et silencieuse.

4. Il dit : Celui qui veut être comblé doit faire le vide en lui.

5. Il dit : Tout ce qui est accompli sans salaire cause avantage au juste et dommage au méchant.

6. Il dit : En vérité, le sentier qui conduit à la réalisation du Divin n'est pas un sentier aisé ; mais le succès attend toujours les persévérants qui savent triompher des obstacles et des difficultés.

7. Il dit : Comprenez, la vie est un continuel barattage, et l'être y est engagé totalement. Il n'y a pas de stupides évènements, il n'y a que de sottes gens ; les mauvais pas d'aujourd'hui préviennent les égarements de demain.

39

1. Il dit : A aimer ceux qui vous aiment, vous n'aurez que piètre récompense. La plus haute forme de l'amour ne comporte pas le désir de réciprocité.

2. Il dit : Prenez la Coupe fie vie avec la main de la confiance, buvez-en d'abord, puis donnez à boire à ceux qui s'avancent.

3. Il dit : Celui qui aura réalisé ses espoirs, il ne sera pas arraché de la Terre contre sa volonté, il partira le cœur joyeux.

4. Il dit : La connaissance triple en une amène le Kelc'hier à la réalisation de toutes les harmonies. Par cet accomplissement, il atteint au plan de la Lumière, se meut sur le sommet et demeure.

5. Il dit : Ne vous arrêtez pas que vous n'ayez bu à longs traits l'hydromel d'immortalité, que vous ne soyez entré dans le Royaume

où siègent à tout jamais la lumière d'impérissable beauté, l'extase sans défaillance et la félicité sans mélange.

6. Il dit : En vérité, celui-là marche fermement sur la bonne voie qui trouve par lui- même où poser ses pieds sur les degrés de l'échelle.

7. Il dit : Comprenez, par les trois mots du Créateur furent taillées les pierres de glace sans qu'il en vole un seul éclat.

40

1. Il dit : Les vérités sont lettre morte pour ceux qui ne les vivent pas organiquement.

2. Il dit : La barde qui se réjouit des discours seul n'aura jamais accès aux états supérieurs.

3. Il dit : Dragon ailé face aux troupes de l'obscurité, le Kelc'hier ne peut faire de faux pas; il agit avec grande intelligence et ne court pas en tous sens sous les mille impulsions d'un moi superficiel.

4. Il dit : Quels que soient les moyens auxquels on a recours, quand les Feux sont noués et que vibre l'Unvanaertan, on rencontre la Volonté du Seigneur de Lumière et tous les efforts spirituels sont alors couronnés de succès.

5. Il dit : La sagesse reçoit constamment l'influence d'au-dessus et donne la spiritualité en dessous.

6. Il dit : En vérité, celui qui avec lui-même est en semblables.

7. Il dit : Comprenez, les peines fausses dépravent ; les justes tourments vous tiennent dans la région élevée.

41

1. Il dit : Revêtez l'armure d'acier, approchez- vous de l'autel d'or, remplissez-vous de force pour accomplir les guerres du Seigneur de Lumière et exterminez les ennemis qui ravagent les moissons.

2. Il dit : Le présent est porteur d'absolu ; là, l'homme trouve son vrai visage et peut vivre sa mesure d'éternité.

3. Il dit : Le baume vivant des hautes jouissances est de ceux qui guérissent la plaie de la cuisse du roi en déjouant la ruse de succion de la Lune. Splendides sont les joyaux, incomparables les pierres précieuses qui jaillissent 'alors du cœur de la Rose.

4. Il dit : Laissez agir sur vous la Main de Dieu, vous deviendrez des arbres grands et fertiles.

5. Il dit : Courez, comme le cerf altéré, jusqu'à ce que vous rencontriez la fontaine des eaux-vives ; unissez-vous alors à la vie et ne vous en séparez jamais.

6. Il dit : En vérité, celui qui suit les conseils de Dieu voit sa compréhension s'ouvrir, et il sort du puits ; celui qui ne les suit pas retournera au fond du puits jusqu'à ce qu'il comprenne.

7. Il dit : Comprenez, femelle sur mâle, puis mâle sur femelle, chacun se scelle lui- même et les étoiles chantent le chant de la félicité éternelle.

42

1. Il dit : Les choses sont en même temps sur beaucoup de plans à la fois, mais la vérité est simple, ce qui est indispensable est facile.

2. Il dit : Après avoir brandi sa lance de telle manière que les deux extrémités se rejoignent, le Kelc'hier s'attache au pilier afin de ne mourir ni assis ni couché.

3. Il dit : Toutes choses sent enchevêtrées dans les entrelacs de la souffrance et de la jouissance, et rien ne revient jamais deux fois.

4. Il dit : Vivez ; pleinement le mode de vie qui s'accorde, avec vos désirs, sans oublier qu'il est vain de vouloir saisir une branche se trouvant au-delà de votre portée.

5. Il dit : Il y a un indice à tirer, de toute chose, une leçon à recevoir des pierres et des plantes, des ruisseaux et des étoiles, du soleil, de la lune, et de tout ce qui existe.

6. Il dit : En vérité, c'est avec le granit et avec tous les attributs inhérents au granit que le château du Graal doit être construit conformément au modèle.

7. Il dit : Comprenez, là où l'esprit est sans crainte et la connaissance libre, de nouvelles mélodies jaillissant du cœur avec les merveilles des vieilles paroles, et la harpe des anciens temps chante un monde neuf pour les oreilles subtiles.

43

1. Il dit : Souvent l'œuvre est obscurcie de défauts comme le feu l'est, de fumée, et elle est d'autant plus difficile que l'élément prédestiné est en petite quantité ; mais le moment venu de la perfection, l'imparfait doit disparaître.

2. Il dit : La joie et le sentiment d'unité avec tout ce qui vit est un signe prometteur de progrès vers le libération.

3. Il dit : Tout ce qui est visualisé mentalement doit être vécu par le corps.

4. Il dit : Ayant obtenu la vraie libération, le Kelc'hier perçoit toutes choses cachées dans le bruissement des feuilles de l'Arbre et peut aider les autres sur le sentier spirituel.

5. Il dit : Ne questionnez pas par-delà d'Inconnaissable au-delà duquel il n'y a plus rien à demander.

6. Il dit : En vérité, celui qui aura tout enduré jusqu'à la fin sera sauvé.

7. Il dit : Comprenez, vous devez croître jusqu'au moment de votre mort.

44

1. Il dit : Méditez incessamment sur les œuvres du Créateur et tenez-vous en communion constante avec Lui par l'intermédiaire de Sa Présence en toute chose.

2. Il dit : Avoir confiance en Dieu n'est pas une excuse pour l'abandonner à l'indolence ; il faut en même temps une infatigable aspiration et un rejet persistant de tout ce qui fait obstacle à la vérité.

3. Il dit : Coordonnant toutes leurs actions et impressions en un ensemble harmonique parfait, les Galaadiens marchent com- me des arbres à l'heure avancée.

4. Il dit : La vision de Dieu n'est rien d'autre que réaliser et sentir Sa Présence en vous-même et partout autour de vous ; cette Présence et Son Souffle tout pénétrant cause de la croissance et de la dissolution de toutes choses en Abred.

5. Il dit : Ayez le sincère et ardent désir de réaliser votre nature immortelle si vous voulez atteindre la liberté par- faite et la félicité éternelle. En vérité, il s'agit d'atteindre, la vraie tète où la sève donne son fruit et où l'œil long fait voir ce qu'il faut voir.

6. Il dit : Comprenez, nul ne peut prétendre mener à bien sa quête en rejetant son ombre.

45

1. Il dit : Dans toutes ses aventures, le quêteur passe et ne s'arrête pas. Pratiquant la Loi de Liberté, il gagne le pouvoir de voyager par les neuf portes dans les espaces cosmiques, jouissant à chaque halte d'une béatitude sans fin dans les demeures de l'Hospitalier.

2. Il dit : Ne regardez pas en arrière ; prosternez-vous devant Celui de qui viennent les puissances de votre vie et qui en l'instant fait toute chose nouvelle.

3. Il dit : Ceux qui s'efforcent vers la perfection gravissent l'Arbre comme une échelle. A mesure que l'on atteint sommet après sommet apparaît clairement combien il reste à faite pour acquérir cette vision qui, seule, vous donnera un impérissable contentement maintenant et à l'heure de votre mort.

4. Il dit : Frappée et martelée sans cesse, l'enclume de Gabannions ne bouge pas. Apprenez d'elle la patience et l'endurance, méditant et pratiquant les justes enseignements.

5. Il dit : Il arrive à sa fin, celui qui traite directement avec la source dont il provient.

6. Il dit : En vérité, la liberté est atteinte quand l'homme fait ce qu'il fait sans regarder ni derrière soi ni au-devant.

7. Il dit : Comprenez, J'ai jeté sur l'univers un Feu dont les rayons sont dirigés vers le bas ; puissent-ils s'enfoncer profondément en vous jusqu'à l'ultime incendie qui embrasera le cosmos en libérant les fils forts et invincibles de l'Infini.

XII. CANTALON À L'INITIATEUR VERT

Dites :

O Arbre resplendissant, dans les branches duquel s'entrelacent toutes les terres habitées,

Arbre Vif de l'abondance, réceptacle de toutes les semences et de toutes les nourritures,

Puissent ses fruits nous procurer une jouissance parfaite !

Arbre de Richesse, création salvatrice du Roi des Hauts-Rois,

Bois précieux, qui transforme et change notre dépérissement,

Puissions-nous refleurir avec ses fleurs !

Axe robuste planté par le Formateur,

Puissant Tuteur et ferme soutien d'Abred,

Malheur à ceux qui se privent de la fraîcheur de son feuillage, ils sont perdus dans l'erreur et la confusion.

Heureux celui qui a trouvé l'hospitalité dans l'enchantement de son ombre verte, et qui est de ceux qui y dansent !

Pilier de résurrection, unification des horizons du monde,

Fontaine de Santé jailli de cette Puissance venue à nous avec les Dieux,

Grand Arbre de Vie duquel émane la Rosée de Lumière,

Puisse-t-il nous enlever là-haut afin que nous y buvions à satiété l'hydromel incomparable dans la Coupe de la gloire éternelle !

Puisse-t-il nous affermir dans nos périls !

Puisse-t-il être bouclier efficace dans nos combats !

Puissions-nous par lui reconquérir liberté, immortalité et béatitude.

XIII. L'ALPHABET

Lettre	Nombre		Nombre	Arbre
	1			
B	2		2	Bouleau
L	3		14	Orme
N	4		16	Frêne
F	5		6	Aulne
S	6		20	Saule
H	7		8	Aubépine
D	8		4	chêne
T	9		21	Hêtre
K	10		3	Noisetier
CH	20		9	Houx
M	30		15	Vigne
G	40		7	Lierre
P	50		18	Genevrier
Z	60		25	Pommier
R	70		19	Sureau
C'H	80		10	Prunellier
Y	90		12	Sorbier
J	100		13	Ajonc
V	200		23	Tilleul
W	300		24	Buis
A	400		1	Pin
O	500		17	Genêt
U	600		22	Bruyère
E	700		5	Tremble
I	800		11	If
	900			

XIV. LES SÉRIES

Lettre T
Valeur ogamique : 9
Valeur bardique : 21
Correspondance zodiacale : Scorpion
Correspondance végétale : Hêtre

1. Il dit : Il n'y a rien de plus rien de moins que la Nécessité unique, le Trépas, père de la douleur.

Lettre A
Valeur ogamique : 400
Valeur bardique : 1
Correspondance zodiacale : Balance
Correspondance végétale : Pin

2. Il dit : Il y a deux bœufs attelés à une coque ; ils tirent et vont expirer.

Lettre F
Valeur ogamique : 5
Valeur bardique : 6
Correspondance zodiacale : Vierge
Correspondance végétale : Aulne

3. Il dit : Il y a trois parties dans le monde ; trois commencements et trois fins pour l'homme comme pour l'arbre, trois royaumes merveilleux aux fruits dorés, aux fleurs brillantes et aux enfants rieurs.

Lettre U
Valeur ogamique : 600
Valeur bardique : 22
Correspondance zodiacale : Lion
Correspondance végétale : bruyère

4. Il dit : Il y a quatre pierres à aiguiser pour les épées des braves.

Lettre E
Valeur ogamique : 700
Valeur bardique : 5
Correspondance zodiacale : Cancer
Correspondance végétale : Tremble

5. Il dit : Il y a cinq zones terrestres, cinq pierres sur notre sœur.

Lettre D
Valeur ogamique : 8
Valeur bardique : 4
Correspondance zodiacale : Gémeaux
Correspondance végétale : Chêne

6. Il dit : Il y a six enfants de cire vivifiés par la Lune ; six plantes dans le chaudron ; un nain qui mêle le breuvage, son petit doigt dans la bouche.

Lettre L
Valeur ogamique : 3
Valeur bardique : 14
Correspondance zodiacale : Taureau
Correspondance végétale : Orme

7. Il dit : Il y a sept soleils et sept lunes, sept planètes y compris la Poule, sept éléments avec la Farine de l'air.

Lettre K
Valeur ogamique : 10
Valeur bardique : 3
Correspondance zodiacale : Bélier
Correspondance végétale : Noisetier

8. Il dit : Il y a huit vents soufflants Feux avec le Feu-père allumés sur le mont du Combat ; Huit génisses tachetées paissant dans l'île de la Dame.

Lettre CH
Valeur ogamique : 20
Valeur bardique : 9
Correspondance zodiacale : Poissons
Correspondance végétale : Houx

9. Il dit : y a neuf mains blanches sur la table de l'aire près de la Tour, et neuf mères versant beaucoup de larmes ; neuf Korrigan qui dansent autour de la fontaine, sous la Lune, avec des fleurs dans les cheveux et des robes de laine. La laie et les neuf marcassins appellent sous le pommier les disciples du vieux sanglier.

Lettre M
Valeur ogamique : 30
Valeur bardique : 15
Correspondance zodiacale : Verseau
Correspondance végétale : Vigne

10. Il dit : Il y a dix vaisseaux ennemis chez les Namnètes ; les Vénètes se préparent au combat.

Lettre J
Valeur ogamique : 100
Valeur bardique : 13
Correspondance zodiacale : Capricorne
Correspondance végétale : Ajonc

11. Il dit : Il y a onze prêtres aux épées brisées chez les Vénètes, onze prêtres blessés, aux robes ensanglantées. De trois cents plus qu'eux onze avec leurs baguettes de coudrier.

Lettre B
Valeur ogamique : 2
Valeur bardique : 2
Correspondance zodiacale : Sagittaire
Correspondance végétale : Bouleau

12. Il dit : Il y a douze mois et douze signes ; l'avant-dernier décoche sa flèche et les douze 'se font la guerre. La belle Vache noire et blanche qui porte étoile au front sort de la forêt des dépouilles, son sang coule à flots, elle beugle, tête levée. La trompe sonne, le tonnerre gronde, la pluie ruisselle, le vent souffle. Plus rien ne restera.

XV. LES TRIADES

1

Lettre : *Voir Chapitre XIII*
Valeur ogamique : 1
Correspondance astrale : Caput Draconis (La tête du dragon)

1. Il dit : Il y a trois roues pleines qui ont mis les Dieux à l'épreuve :

- La roue tournante, teinte du sang des vaillants,
- La roue ramante, teinte du sang des vivants
- La roue volante, teinte du sang des veilleurs

2. Il dit : Il y a trois dons pour le héros :

- Le don d'entendre
- Le don de voir
- Le don de juger

3. Il dit : Il y a trois cornes gardées par le Roi de tous aux formes multiples :

- La corne du combat.
- La corne de fertilité
- La corne d'abondance

2

Lettre : P
Valeur ogamique : 50
Valeur bardique : 18
Correspondance astrale : Terre
Correspondance végétale : Genévrier

1. Il dit : Il y a trois têtes sur la Vieille :

- Une tête qui dort
- Une tête qui pleure
- Une tête qui rit

2. Il dit : Il y a trois sentiers dans la forêt des dépouilles :

- Un sentier de préparation
- Un sentier de développement
- Un sentier de terminaison

3. Il dit : Il y a trois rideaux devant l'entrée de la citadelle :

- Un rideau de feu
- Un rideau de glace
- Un rideau de brouillard

3

Lettre : *Voir Chapitre XIII*
Valeur ogamique : 900
Correspondance astrale : Cauda Draconis (La queue du dragon)

1- Il dit : Il y a trois étendards pour les ravageurs des vallées des fomoires :

- L'étendard de la confiance
- L'étendard de l'ardeur
- L'étendard de la consolidation

2- Il dit : Il y a trois dissolutions dans le réceptacle des parfums.

- L'enveloppe antérieure
- L'édifice ultérieur
- Le filtre à la jonction

3- Il dit : Il y a trois couronnes pour le sage.

- Une couronne de victoire
- Une couronne de chants
- Une couronne de plénitude

XVI. LES RAMEAUX

Lettre : N
Valeur ogamique : 4
Valeur bardique : 16
Correspondance astrale : Mars
Correspondance végétale : Frêne

1. Il dit : La flamme n'évite pas les brindilles sèches : l'éclair ne craint pas de tomber. Mais on ne peut gagner une bataille sans la présence d'un roi. Sur le sentier rouge et sacré, le brave est tout entier un glaive ; l'existence est pour lui une pierre à aiguiser. Deviens plus acéré pour que ton coup soit plus fort.

Lettre : S
Valeur ogamique : 6
Valeur bardique : 20
Correspondance astrale : Uranus
Correspondance végétale : Saule

2. II dit : La science matérielle est le commentaire du monde des apparences, elle acquiert par le feu et l'air. Mais assoiffer davantage ceux qui ont soif est bien. Quand de la génération abyssale tu seras parvenu jusqu'au faîte, délace l'outre dans la chambre haute de lumière et répand le don pur de l'onde vivifiante dans l'espace au-delà de ta rive.

Lettre H
Valeur ogamique : 7
Valeur bardique : 8
Correspondance astrale : Saturne
Correspondance végétale : Aubépine

3. Il dit : La retraite est le commencement, la compagnie est la fin. La sagesse sait dénouer les nœuds des choses. Mais les pieds attachés aux chaînes du temps, on meurt sans avoir avancé. Trace un cercle de

puissance autour de toi, frappe la montagne de ton maillet, et tire de la terre tous les joyaux qu'elle recèle.

Lettre : G
Valeur ogamique : 40
Valeur bardique : 7
Correspondance astrale : Lune
Correspondance végétale : Lierre

4. Il dit : Un orbe d'argent est né tandis que les sages et les initiés étaient sur leurs colonnes de pierre et sur leurs bancs de magie. La créature qui n'est pas sortie de la servitude a brisé son miroir avec sa propre pierre. Mais si la tête a fendu la pierre, quoi d'extraordinaire ? Prends une tête en plus de la tienne, et ajoute un royaume à ton royaume, une valeur à ta valeur.

Lettre : Z
Valeur ogamique : 60
Valeur bardique : 25
Correspondance astrale : Vénus
Correspondance végétale : Pommier.

5. Il dit : Le laboureur à sa charrue dirige les travaux ; il ouvre le sein de la terre, il y jette la semence, il la recouvre, puis il se retire et abandonne son champ aux soins de Celui qui achemine la Création entière vers son Illumination.
La vie de ce monde n'est qu'un ornement passager. Mais tout ce qui est habituel est amer, tout ce qui est absent est sucré.
Jouis de l'instant présent sans te débattre vainement.

Lettre : R
Valeur ogamique : 70
Valeur bardique : 19
Correspondance astrale : Pallas
Correspondance végétale : Sureau

6. Il dit : Les encoches dans la branche lisse ne seraient d'aucun secours si ce qui est maitrisé n'était maintenu fermement et transformé. Il est important de chercher les causes qui délivrent. Mais tout destiné qu'il soit à la poussière, le chien provient de la même source que toi. Ne te prévaux pas aujourd'hui de la valeur, car ce n'est que demain que paraîtra la valeur des choses.

Lettre : C'H
Valeur ogamique : 80
Valeur bardique : 10
Correspondance astrale : Selene
Correspondance végétale : Prunellier

7. Il dit : Les clés tournent, les verrous glissent, les portes s'ouvrent et les générations s'élèvent en conformité du mystère. On peut tirer une impérissable lumière de l'or et de l'argent. Mais l'homme insouciant et inattentif traverse les plaines fertiles de ce monde sans ouvrir les yeux de son esprit.
Attelle-toi sans tarder à la tâche, car sans effort tu ne récolteras rien.

Lettre : Y
Valeur ogamique : 90
Valeur bardique : 12
Correspondance astrale : Soleil
Correspondance végétale : Sorbier

8. Il dit : Tout dans l'univers y sa place ordonnée. Nul n'est seul et nul ne vit que pour soi. Mais pour un homme libre, il est pénible de vivre dans le monde d'autrui. Tel le héros à l'ardeur de lynx, jouissant des dons du Donneur, apprend les secrets de l'assemblage du dessus avec le dessous, allume le meilleur feu et pratique les directives sur le cuir, l'alène, les fils et le soulier.

Lettre : V

Valeur ogamique : 200
Valeur bardique : 23
Correspondance astrale : Mercure
Correspondance végétale : Tilleul.

9. Il dit : La création, la destinée, la direction sont le début. Il est difficile de faire parvenir cette subtilité jusqu'aux lèvres. La Puissance habite les êtres comme la parole habite l'orateur. Mais aussi longtemps qu'un homme parle, il ne peut pour autant respirer ; bien qu'en vérité l'esprit soit plus que la parole, celui qui perd sa langue perd son bien et le chant n'est pas entendu. Saisis fermement le nœud de ton être, ne perd pas une parcelle de la lumière que tu détiens et sculpte de nouveau ta forme ancienne.

Lettre : W
Valeur ogamique : 300
Valeur bardique : 24
Correspondance astrale : Pluton
Correspondance végétale : Buis

10. Il dit : Du sein des abîmes au faîte des splendeurs, il n'y a pas de trêve pour ceux qui viennent au monde sur les rivages du neuvième flot. Mais le désir de croître dans la graine comme dans cet univers suspendu aux Trois Courants ne connaît pas sa route sans guide. Descend dans les profondeurs, et par ton art, fait tenir la mer dans ta coupe.

Lettre : O
Valeur ogamique : 500
Valeur bardique : 17
Correspondance astrale : Neptune
Correspondance végétale : Genêt.

11. Il dit : La nature de la lumière est la sagesse ; la nature de l'obscurité est la sottise. Le Maître de la Vigne fait périr ceux dont l'ivresse provient des choses fausses et qui sont ivres sans avoir goûté au sang de la vigne.

Mais la vigne, Il la donne à tous. Tu n'auras de vraie jouissance que de tes œuvres.

Lettre : I
Valeur ogamique : 800
Valeur bardique : 11
Correspondance astrale : Jupiter
Correspondance végétale : if

12. Il dit : Ceux qui atteignent leur but par des passages malaisés en déjouant les pièges des barreurs de chemin, ils obtiennent une mesure de haute et intégrale gloire, et s'épargnent la grande défaveur de l'oubli. Multiples sont les étoiles au firmament, chacune errante dans l'immensité azurée. Mais l'immortalité est déterminée par l'effort vers l'immortalité.

Comme le cavalier du coursier céleste, compagnon de route des astres, il est beau de ne pas se reposer un seul instant du voyage.

XVII. LES CENTRES

Tête : GWERVAENROD | Cerf, Aigle | Or, Emeraude | Eglantier

Gorge : AREMROD | Sanglier, Roitelet | Bronze, Jade | Cytise

Cœur : KOUEVROD | Taureau, Cygne | Cuivre, Topaze | Troëne

Ombilic : HOUARNROD | Cheval, Faucon | Fer, Rubis | Framboisier

Sexe : STAENROD | Chien, Merle | Etain, Saphir | Néflier

Coccyx : ARC'HANROD | Saumon, Hibou | Argent, Onyx | Ronce

XVIII. LES CYCLES

1. Il dit : Les mois marchent et entraînent tous, les saisons vous emmènent vers le domaine de l'Eternité.

2. Il dit : Les Dieux déterminent les cycles comme ils établissent les personnalités ; de leurs harmonies naissent les saisons des astres et les neuf vagues en Abred.

3. Il dit : Le Cycle créateur des âges est un jeu de Son jeu.

4. Il dit : Le secret des cycles est caché dans les gyres du Serpent à la peau aux mouchetures multicolores.

5. Il dit : Il y a Sept cycles avantageux à connaître :

    - Le cycle du Glaive Brisé 840 ans
    - Le cycle du Glaive Victorieux 2100 ans
    - Le cycle de la Couronne de Flammes 1260 ans
    - Le cycle de la Branche de Paix 6300 ans
    - Le cycle de la Branche Sanglante 6300 ans
    - Le cycle de la Branche Brune 6300 ans
    - Le cycle de la Branche Bariolée 18900 ans

6. Il dit : En vérité, quand les cycles sont révolus, l'écorce et les branches inutiles sont jetées en pâture au feu.

7. Il dit : Comprenez, vains sont les calculs pour rechercher l'origine des âges ; seule importe leur cessation, et celle-ci est de votre compétence.

XIX. LES CORPS

1. Il dit : Il y a quatre corps : le corps grossier, le corps subtil, le corps vital et le corps divin.

2. Il dit : Le corps divin est ce corps de lumière noble et éclatant extrait de l'élément ténébreux au moyen du Feu Secret.

3. Il dit : Trois corps sont triples, mais l'awen est un et n'aspire à d'autre gloire que retrouver son bien perdu.

4. Il dit : Si la croissance est harmonieuse, la Sève divine circulera en abondance dans tous les canaux de votre être.

5. Il dit : Pour le corps divin il en va aujourd'hui comme naguère dans la progression par étapes selon les règles de l'art d'affinage et de distillation.

6. Il dit : En vérité, toute femme sera faite mâle et tout mâle sera fait femme jusqu'à l'unité reconquise où ils prendront place, à la fin des temps aventureux, à la Table de lumière avec les convives de la Réception de la Tête.

7. Il dit : Comprenez, les corps dans lesquels l'awen n'a pas réussi à croître, ils sécheront et pourriront comme une brindille qui s'est détachée du tronc.

XX. LES SACRIFICES

1. Il dit : Selon la Parole des Anciens, d'heureuse mémoire, rien ne s'acquiert sans sacrifice ; mais ceux- qui, pour des choses de moindre valeur sacrifient les valeurs plus élevées, ils devront revenir à nouveau d'où ils étaient partis.

2. Il dit : Trois choses n'en forment qu'une : l'autel, le sacrifice et le sacrificateur.

3. Il dit : Toute transmutation en direction supérieure s'opère par le sacrifice de ce qui est inférieur ; toute transmutation en direction inférieure s'opère par le sacrifice de ce qui est supérieurs.

4. Il dit : Il y a trois moyens rituels par lesquels sont subies les trois morts sacrificielles :

   - Par la crémation, dans le courant de Taranis
   - Par la cruentation, dans le courant de Esus
   - Par étouffement, dans le courant de Belenos.

5. Il dit : L'esprit de sacrifice sans réserve obtient la pleine jouissance de la vie.

6. Il dit : Sacrifier, c'est perdre afin de finalement gagner.

7. Il dit : La reconstitution harmonieuse et taie selon les lois du sacrifice réversible permet la descente grâce de la Sève Divine.

8. Il dit : En vérité, le sacrifice est le principe directeur de cette vie même. Vous devrez sacrifier beaucoup et longtemps, mais cependant pas pour toujours.

9. Il dit : Comprenez, si vous ne complétez pas vos sacrifices, toutes les résolutions seront vaines.

XXI. LES VOIES

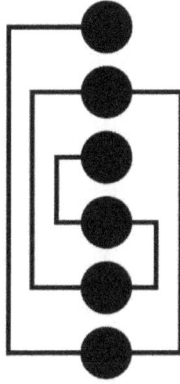

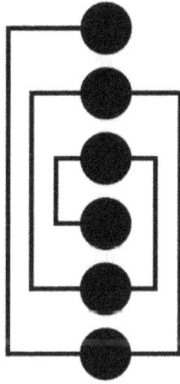

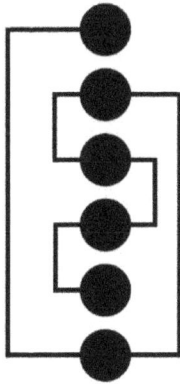

XXII. LES ILLUMINATIONS

1. Il dit : Il y a trois techniques principales par lesquelles s'opère la déification :

   - La Grande Illumination des Noces, ou l'union sexuelle cérémoniale.
   - La grande Illumination du Chant, ou la récitation constante de la formule efficiente.
   - La Grande Illumination du Soleil, ou la connaissance et conversation du guide hiérarchique personnel.

2. Il dit : Le but des Illuminations étant unique, aucune n'a de préséance sur l'autre.

3. Il dit : La Grande Illumination Parfaite les synthétise toutes, mais elle ne convient qu'aux hommes forts et royaux qui y sont spécialement destinés.

XXIII. LE RETOUR

1

1. Il dit : La Fontaine de toute Grâce, l'Echanson qui verse aux altérés la liqueur de clarté, il a pris en mains le gouvernement des siècles ; les trésors de Sa générosité changent la poussière en vie.

2. Il dit : Buvez et réjouissez-vous ! Il revient en triomphe, et tout ce qu'il a reçu mission d'exécuter va s'accomplir.

3. Il dit : Les oiseaux se posent sur les épaules de Mes bien-aimés, les bêtes féroces les épargnent ; les mains des prophètes se sont élevées. Suppliantes vers Moi, et J'ai réalisé leur désir.

4. Il dit : Incomparable la générosité du Distri buteur, incomparable son amour, incomparable Sa justice

5. Il dit : Soyez Lui fidèle ; alors même si vous tombiez Tl vous relèverait.

6. Il dit : En vérité, Lui être fidèle c'est être fidèle à soi-même.

7. Il dit : Comprenez, le Lion est de retour, ses enfants sont proches.

2

1. Il dit : Il n'y a pas d'autre Dieu que Celui qui est l'objet des prières depuis le commencement des temps, et l'objet des livres sacrés du monde.

2. Il dit : Exalté est le Roi des Hauts-Rois, Celui qui fixe le début et met le terme ; nul autre que Sa Parole ne soutient le poids écrasant de la Création entière.

3. Il dit : Écoutez la Voix qui vient à vous et qui vous émancipera ; cherchez le chemin qui mène hors de ce qui a été, le sentier qui conduit au désir du temps.

4. Il dit : Il ne peut y avoir d'échec définitif sur le chemin qui mène au Divin ; tout ce qui résiste disparaîtra ; rien ne demeurera sauf la félicité de la liberté totale, la félicité de la véritable connaissance, la félicité de la lumière suprême.

5. Il dit : Découvrez en vous la Volonté Toujours Agissante de l'Omniscient.

6. Il dit : En vérité, l'homme doit adorer Dieu, dans son entendement, dans son cœur et dans ses œuvres.

7. Il dit : Comprenez, à Son service il faut plus que de la persévérance.

3

1. Il dit : Les délai s sont courts pour la possession des biens promis ; seules M'importent vos œuvres et votre diligente obéissance, non vos fautes ni vos vertus.

2. Il dit : Aller de l'avant veut dire monter, monter veut dire retourner.

3. Il dit : La vraie pureté n'est pas séparation des choses mais élan à travers toutes beautés.

4. Il dit : Laissez à votre voisin le soin de nettoyer la neige qui encombre sa cour.

5. Il dit : Préparez-vous et mettez-vous en route ; faites-vous vous-même les forgerons et artisans d'un monde nouveau ; donnez d'autres formes à la vie, formez et reformez toutes choses jusqu'à ce que plus rien ne subsiste sur toute la Terre qui soit encore dépourvu de beauté.

6. Il dit : En vérité, il est peu de héros pour se vanter d'avoir couché aux cotés des neuf filles de Dana et conquis leurs faveurs et leur amour.

7. Il dit : Comprenez, vous ne pouvez en aucune manière transgresser Mes lois.

4

1. Il dit : Levez-vous pour le triomphe de Ma Cause ; à la victoire, vous prendrez votre part du butin, et l'a Terre croîtra en pouvoir et en beauté.

2. Il dit : Le ver qui rampe dans la poussière ne peut seulement présenter la clarté des étoiles.

3. Il dit : Le rejet du néant commence par désirer pour les autres une condition meilleure que pour soi-même.

4. Il dit : Le Royaume est aussi bien dans les écrits que dans les actes, car Je suis partout et dans tout, mais Je n'enfonce jamais les portes qu'on ferme devant Moi.

5. Il dit : Cet univers et l'homme sont appelés à reprendre totalement conscience de leur divinité complète.

6. Il dit : En vérité, nombreuses sont les afflictions réservées aux réfractaires, mais ceux qui se réjouissent en Lui seront glorifiés.

7. Il dit : Comprenez, Son œuvre n'est dictée que par la générosité.

5

1. Il dit : Je Suis Celui qui soutient le monde pour qu'il ne s'abîme pas dans le vide.

2. Il dit : Le temps passé sur Terre doit être consacré à l'obtention des richesses inépuisables qui aident à vivre et à mourir.

3. Il dit : Celui qui vit divinement gagne ce séjour le plus haut dans l'éclat duquel tout l'univers est serti.

4. Il dit : L'homme du présent se contente de cette richesse, sa vie est un point autour, duquel il s'accomplit.

5. Il dit : La Sève Divine coule d'en-haut et ne demande qu'à se répandre sur la terre de l'homme.

6. Il dit : En vérité, si le fils de roi ignore que son père existe depuis très longtemps il se trompe sur l'étendue du royaume qu'il gouverne.

7. Il dit : Comprenez, il n'y a pas de différence entre Lui et les siens.

6

1. Il dit : Gloire à Lui Seul, le Premier, le Créateur qui a modelé la Création selon Sa Volonté.

2. Il dit : Le secret du Retour, c'est oublier ce qui est en arrière pour se porter vers ce qui est en avant.

3. Il dit : Amassez toutes les richesses afin qu'elles rejaillissent de votre source. Plus grande sera votre générosité, plus grandes seront votre noblesse et votre gloire.

4. Il dit : Tout ce que le Divin enferme, tous les hommes le retrouvent en eux.

5. Il dit : Sur l'échiquier vert, cette partie entre le beau et le laid, le bien et le mal, le vrai et le faux offre de magistrales leçons.

6. Il dit : En vérité, l'existence est pure joie; la tristesse est fatale à l'homme, bannissez-là de toutes vos pensées.

7. Il dit : Comprenez, bonheur ou malheur vous arrivent selon vos œuvres.

7

1. Il dit : Faites toutes choses en Son nom, vous retournerez au lieu d'où vous êtes tombés.

2. Il dit : La liberté n'est pas un stade qu'il faut atteindre, mais un état qu'il faut réaliser.

3. Il dit : Immense, variée est la structure de cet univers, somme de mondes vastes et pittoresques. Que tentez-vous de cacher avec la chaux vive et l'orpiment ?

4. Il dit : La vraie vision n'exclut pas le monde comme non-existant.

5. Il dit : Ouvrez-vous à Mon Inspiration ; nul autre accès aisé n'existe pour aller de l'obscurité vers la lumière.

6. Il dit : En vérité, la liberté totale qui porte à l'acquisition de l'éternelle jeunesse et de l'immortalité, nulle force ne prévaut contre elle.

7. Il dit : Comprenez, votre awen appartient aux hauteurs ; quand il aura recouvré son plein volume de lumière, vous serez vous-même votre récompense et votre trône sera dans la richesse.

8

1. Il dit : De ce monde à l'accomplissement du retour il n'y a pas loin, mais vous dressez à plaisir des obstacles sur la route.

2. Il dit : Je remplis la coupe vide et comble les mains qui demandent encore et toujours, mais ce n'est pas pour que vous entassiez un amas grandissant de Mes bienfaits.

3. Il dit : L'homme éveillé ne s'endeuille pas ni pour les vivants ni pour les morts ; il demande le secret de la vie et celui du monde, leur sens et leur but.

4. Il dit : Toute question venant à point recevra sa réponse, mais les faveurs royales à celui qui n'attend pas l'instant favorable.

5. Il dit : N'ayez qu'un seul Maître, Celui qui contrôle la Création entière.

6. Il dit : En vérité, quiconque n'aura pas la force de s'ouvrir, Je le scellerai et le jetterai dans la poussière.

7. Il dit : Comprenez, les vieilles pistes sont perdues, une nouvelle Terre se découvre avec ses merveilles. Prenez la Coupe, buvez, puis répandez-la sur la tête de ceux qui languissent dans la servitude en l'attente du Nouveau Saint Royaume.

9

1. Il dit : Pour que le retour se fasse, il faut que la seconde naissance ait lieu.

2. Il dit : Cessez vos psalmodies dans les cryptes humides, dans ces temples froids où vous prétendez trouver délivrance.

3. Il dit : Quand l'aurore du jour descend sur vous, puissiez-vous recevoir de la sagesse de l'Etoile du Matin !

4. Il dit : Ceux qui complotent toujours pour dominer la Terre entière, ceux qui arbitrairement délibèrent, décident et gouvernent, plus un ne vivra quand l'hiver trouvera son terme.

5. Il dit : Les élus de la Majesté Divine, Je les rendrai guerriers redoutables pour leurs ennemis, médecins puissants contre les maladies, et maîtres pour les éléments.

6. Il dit : En vérité, divines sont les âmes qui peuvent descendre l'échelle aussi bien que la monter, les libérés qui, loin de toute béatitude égoïste, s'associent en artistes à l'œuvre de Dieu et travaillent à la réintégration de ceux qui restent.

7. Il dit : Comprenez, le mystère de la seconde naissance consiste en ce que c'est en raison d'elle que la Bénédiction de Dieu descend sur vous.

10

1. Il dit : En retrouvant votre vaste Moi vous trouvez Dieu.

2. Il dit : Par les pouvoirs conjugués de la foi, du désir et de la volonté, le Kelc'hier capture l'ours et fait de la liberté sa compagne ; ses oreilles entendent la vérité pour laquelle elles ont été attachées à son corps ; sa langue chante sans bouger et continuellement la Formule Efficiente ; son œil se concentre essentiellement sur la lumière intérieure et s'ouvre pour contempler la présence de Dieu en tout et partout.

3. Il dit : L'esprit viril recherche la perfection et apprend autant par le mal que par le bien. Redressez-vous et supportez toutes les épreuves et toutes les tribulations jusqu'à l'aboutissement final de voyage. Cela ne sert à rien de soupirer après un chemin plus confortable.

4. Il dit : La mort dans la vie consiste à opérer un changement de direction vers le haut, si bien qu'étant sur Terre vous pouvez voler dans les Cieux.

5. Il dit : Celui qui étudie la sagesse mais ne la met pas en pratique est comme un homme qui laboure un champ mais ne l'ensemence pas.

6. Il dit : En vérité, voici revenu le Distributeur, le Maître des extases, le Taureau qui transperce celui qui l'a attaqué, l'Aigle qui arrache le cœur des méchants, le lion à la course rapide ; rien ne peut entraver son retour car il n'est pas de main plus puissante que la Sienne ; heureux sont les jours de qui se consacre à Sa louange ; heureux, celui qu'il guide, il ne déviera point.

7. Il dit : Comprenez, si vous ne complétez pas avec des lettres dont vous ne saviez pas le sens ; mais le temps cargue ses voiles ; les borgnes du royaume de Medros, les manchots du royaume de No dons, tous furent salés de feu. Êtes-vous enfin capables de boire à la Coupe que Je vous tends ?

XXIV. LES DOGMES

1. Il dit : Trois dogmes ésotériques sont le Lys de fécondité de la doctrine celtique du VIème Avènement :

    -   La Loi de Liberté
    -   La Formule Efficiente
    -   L'objet fondamental de la méditation.

2. Il dit : Crois et fais ce que tu veux est le principe fondamental de la Loi de Liberté.

3. Il dit : La formule Efficiente correcte est celle transmise par la tradition depuis le commencement des temps : UISSUS IUDNOS LUGEUOS

4. Il dit : L'Arbre est l'objet fondamental de la méditation.

5. Il dit : Les trois dogmes seront solidement établis par les Galaadiens qui propageront dans l'ouest la Nouvelle Loi par les deux manières rude et douce réglées sur les besoins du moment.

XXV. L'APOTHÉOSE

1

1. Il dit : J'ai donné pour vous guider vers la Réalisation la lumière de quelques instructions. Celui qui y adhère s'engage dans les gloires d'une vie pieuse et des œuvres pures conformément au Vœu de l'Instigateur de ce grand message ; mais quiconque se détourne de ces Versets subira une grande perte.

2. Il dit : Toujours vous avez le choix entre la chute et l'ascension, mais la route qui mène à la terre de Promesse n'est pas la même pour tous ceux qui arrivent en ce bas monde ; c'est pourquoi vous devez voyager sur des sentiers inconnus et livrer d'étranges combats ; l'un trouvera la mort à l'ouest, l'autre à l'est.

3. Il dit : Je scelle votre vie pour la meilleure des fins. Élevez vos regards jusqu'au trône de Sa gloire ; c'est dans ce premier pas que réside tout le miracle.

4. Il dit : Celui qui ne voit pas Sa Main attribue l'écriture à sa propre plume et étreint l'éphémère.

5. Il dit : Bénie L'oreille qui a entendu, béni l'œil qui a vu, béni le cœur qui s'est tourné vers le Généreux !

6. Il dit : En vérité, grâce à Lui toutes choses naissent, sont maintenues et reprises jusqu'aux cercles élevés.

7. Il dit : Comprenez, le signe qui blesse n'est pas un ennemi.

2

1. Il dit : Je vous indique la voie de la croissance continue au moyen des échelons de beauté.

2. Il dit : Dans la plaine des piliers, guerriers et cochers tout à la fois, vous apprendrez à donner et à recevoir la mort aux côtés ries Neuf trois fois puissants.

3. Il dit : C'est moi qu'on cherchera et trouvera sur le fil de l'épée.

4. Il dit : Par les soins du Grand Dispensateur l'Arbre respire, et vous respirez ; l'Arbre grandit, et vous grandissez ; l'Arbre vit, et vous vivez.

5. Il dit : Ne dépendez-vous pas tellement de lui que si un seul instant Sa Main se retirait vous tomberiez dans le néant ?

6. Il dit : En vérité, Dieu ne vous veut jamais de mal, c'est votre manque de confiance en Sa bonté qui est la source de toute votre misère.

7. Il dit : Comprenez, aussi obscur et pauvre se croit-il, celui qui n'aime rien sinon Dieu ne marche jamais dans, les ténèbres.

3

1. Il dit : L'oubli du Divin est un suicide ; hormis lui, il n'est point de refuge, possible.

2. Il dit : Soyez toujours conscient de Sa Présence avec vous, en vous et partout autour de vous.

3. Il dit : Vous êtes dans la mort quand vous n'êtes pas en communication consciente avec Moi.

4. Il dit : Multiple est Son Art, grande est Sa Beauté, vaste est Sa Création, généreux est Son But. Par Lui le destin de chacun est ordonné ; comme Il ordonne, ainsi recevez-vous.

5. Il dit : Le Très-Généreux, Celui qui vous a donné forme, Il distribue Ses faveurs à quiconque en est digne ; réjouissez-vous de tout ce qu'il donne et ne refusez jamais ce qui vient de Sa part.

6. Il dit : En vérité, les épreuves que Je vous destine trancheront Une à une les chaînes dont vous vous êtes chargés.

7. Il dit : Comprenez, toute chose venant de Lui est salutaire ; ne vous demandez pas s'Il est ici ou là, car tels que vous êtes toujours en Sa Présence.

4

1. Il dit : Craignez Celui qui ne craint personne. Il ne laisse jamais un ennemi sans le soumettre.

2. Il dit : A Sa gloire chantent les Dieux et les Déesses Ses Agents et les ascètes, Ses héros et toutes les créatures vivantes.

3. Il dit : Mes enfants sont des enfants de lumière, ils agissent selon les instructions de Mes Agents, ils s'ouvrent à Mon Inspiration, et tous sont assoiffés d'envol.

4. Il dit : N'épargnez pas les réfractaires, ils sont déjà morts ; transformez la réalité si vous ne voulez pas qu'elle devienne une prison. Vivez et mourez de liberté, car c'est vivre et mourir pour Lui. Ainsi font ceux qui aiment l'Arbre et honorent son hospitalité.

5. Il dit : La Longue Main bienfaisante n'est intervenue que pour sauver ce qui était perdu.

6. Il dit : En vérité, si on Lui demande ce dont on n'est pas digne, Il ne l'accordera pas, mais celui qui mérite recevra davantage que ce qu'il désire.

7. Il dit : Comprenez, le sort est votre esclave, gardez-le terrassé sous vos pieds.

5

1. Il dit : L'homme est un guerrier sur la Terre, les choses l'assaillent sans répit. Là où la lutte est la plus acharnée, là doit être le héros de l'esprit.

2. Il dit : Celui qui ne Le cherche pas avec tous les atomes de son corps, comme un noyé cherche l'air, celui-là ne contemplera jamais de mystère de Dieu.

3. Il dit : Si par Lui vous vivez dans la joie, vous connaîtrez toutes les joies de l'univers.

4. Il dit : Heureuse est la condition de celui qui lutte pour la victoire de la Cause du Très-Haut et suit le chemin qu'il indique, avec la docilité et l'abandon d'un enfant.

5. Il dit : Le Créateur informe et forme les choses et leur assigne leur rôle spécifique, détruisant et recréant sans cesse afin que soit conquise la terre de votre pleine conscience et de votre absolu consentement.

6. Il dit : En Vérité, celui qui est esclave de ses affections s'use par la jouissance et retombe dans ce d'où il vient.

7. Il dit : Comprenez, quand la foi n'existe pas, la plume et l'épée n'ont aucune valeur.

6

1. Il dit : Aimez à la fois l'invisible et le visible ; rentrez en vous-même et découvrez ce qui constitue l'unité de tous les êtres.

2. Il dit : Si les épreuves ne vous touchent pas, comment atteindrez-vous l'infinitude illuminée de joie ?

3. Il dit : Je suis le même envers tous les êtres, nul ne M'est odieux, nul ne M'est cher.

4. Il dit : Le rythme des saisons ramène invariablement les fruits familiers ; tant que ne sera point détruit l'univers, ce cycle se poursuivra selon le plan tracé à l'origine pour vous offrir la possibilité d'être.

5. Il dit : Par Moi, le monde se renouvelle et s'habille de beauté.

6. Il dit : En vérité, Je suis au carrefour où tous les sentiers convergents, derrière les parfums, les rives, les pleurs et les avertissements de la vie.

7. Il dit : Comprenez, sur le rugueux et escarpé sentier qui monte, en temps et lieu opportun, Je projette la lumière qui écarte les obstacles.

7

1. Il dit : Enquérez-vous soigneusement des besoins du cycle où vous vivez ; que vos délibérations pratiques portent sur ce que cet âge exige et requiert.

2. Il dit : Comprenez, quand la foi n'existe pas, Elevez-vous quotidiennement en prenant appui sur Celui qui confère les dons, le dispensateur de toutes grâces, l'Eternel Harmonisateur.

3. Il dit : Si vous accueillez Sa Volonté et la suivez, si vous vous abandonnez et acceptez avec joie tout ce qu'Il vous octroie, sans vous affliger ni vous révolter, alors tout ce que vous recevez sera justement ce qu'il vous faut.

4. Il dit : Les hommes doivent chercher le chemin qui mène à la Taverne Suprême, là où l'Echanson présente le Graal aux étoiles ; rien d'autre ne pourra les enivrer.

5. Il dit : Le temps est venu, pour ce cycle, de restaurer ce qui a été détruit par la Grande Séparation, afin que le tout ensemble soit rendu à sa perfection primitive.

6. Il dit : En vérité, incompréhensibles et inscrutables sont Mes voies pour les ignorants.

7. Il dit : Comprenez, l'hydromel est monté entre les flancs de la Coupe pour vous enivrer et que la joie établisse en vous sa demeure.

8

1. Il dit : Je délie ceux qui sont enchaînés et rend stable l'instable.

2. Il dit : Celui qui traverse le fleuve et aide les autres à le traverser, à Lui la part de chef est réservée, le meilleur des collines d'autrefois, le meilleur de ce que fait croître le Soleil, le meilleur de la Lune nouvelle, le meilleur des trésors cachés dans les cavernes.

3. Il dit : Ne vous écartez pas de Moi si vous désirez posséder tous les biens.

4. Il dit : Tout homme riche peut nourrir les corps, mais celui-là seul a la connaissance peut nourrir les âmes.

5. Il dit : Ce monde de couleurs, de sons et de parfums, chacun y participe selon l'intensité de ses souffrances et de ses joies.

6. Il dit : En vérité, la porte demeure grande ouverte, nul n'est jamais refusé s'il est maître de son art et fils de roi d'un royaume reconnu.

7. Il dit : Comprenez, vous apprenez chaque jour ce qui est inscrit en votre nom.

9

1. Il dit : La richesse du Généreux ne s'amenuise pas ; à nul il n'ôte ce qu'il a donné.

2. Il dit : Vous avez beau changer d'habits, Je vous connais ; si vous suivez une autre voie que celle que J'indique, vous retournerez en Yenved et la destruction sera le fruit de vos œuvres.

3. Il dit : C'est en donnant qu'on reçoit, c'est en s'oubliant qu'on se trouve, c'est dans le don de soi que réside la vraie liberté.

4. Il dit : Les fils de roi entendent Mes Paroles, elles les conduisent et les ramènent ; vers les hautes branches, au nord de l'horizon des Dieux.

5. Il dit : Le Très-Généreux, le Dispensateur des trésors enfouis dans les urnes du temps, l'Echanson qui verse sans compter le nectar divinisant, le Choisi sur l'étalon ailé, Il récompense les belles actions des cœurs nobles qui Le prennent pour fin suprême. .

6. Il dit : En vérité, en Me désirant vous vous exposez à d'innombrables malheurs et même davantage.

7. Il dit : Comprenez, il ne faut pas craindre, car en toutes choses Je vous prends sous Ma direction.

10

1. Il dit : Ne vous chagrinez de rien, car personne en ce monde ne compatira à votre peine ; ceux qui se lamentent ne sont pas secourus.

2. Il dit : Appliquez-vous sans cesse à ce qui est difficile ; fixez dans le Divin toutes vos actions et toutes vos joies ; cherchez votre Bien en Lui le Transcendant, la Source de beauté, l'Animateur de toutes choses.

3. Il dit : Pas un atome qui n'ait sa place dans Mon plan de libération.

4. Il dit : Lorsque Bran fut monté dans la barque, il y avait encore beaucoup de place, mais pas un d'entre vous ne l'a accompagné jusqu'au rivage.

5. Il dit : Rappelez-vous que dans la liberté vous êtes seul au monde avec Moi.

6. Il dit : En vérité, le Suprême Technicien à la Longue Main vous dirige par la voie qui vous convient le mieux vers le dépassement des trois états.

7. Il dit : Comprenez, Je suis Celui qui tranche le lieu de parenté et libère dans la lumière. Resserrez uniquement votre lien avec Moi, et vous aurez la clef de tous les mystères.

11

1. Il dit : Vérité dans le cœur, force dans les bras, fidélité dans la langue pour ceux qui ne sont pas les fruits d'un arbre flétri, les maîtres sans esclaves ; les Galaadiens ; les délices qui les attendent ne connaîtront aucune interruption.

2. Il dit : Baignez-vous dans l'air des hauteurs ; dans l'espace où les Dieux se meuvent ; élevez-vous dans la verte splendeur de l'Arbre où le Soleil Glorieux verse des flots de Sève Divine.

3. Il dit : Le monde est Mon échiquier, vous êtes Mes compagnons de jeu.

4. Il dit : Pour celui qui acquiert la souveraineté divine, plus rien ne reste à connaître, il sait le mystère de la création, la mort n'est plus pour lui qu'un mot vide et l'élixir de vie circule en permanence dans ses veines.

5. Il dit : Aucun des pouvoirs que vous pouvez désirer ne vous est impossible. Mais tant que ne sont pas tranchées les trois chaînes qui retiennent l'homme sur la roue de Kroui, il est dangereux de les employer.

6. Il dit : En vérité, l'intelligence, la vie et la lumière prendront le pas sur toute chose et ce monde cessera.

7. Il dit : Comprenez, vous n'avez pas été créé pour l'anéantissement mais pour durer à jamais.

12

1. Il dit : Quelle que soit la route sur laquelle on voyage, il n'est point de lieu où l'on ne trouve l'Hospitalier.

2. Il dit : La liberté qui vous est profitable, vous ne sauriez la trouver que dans votre entière soumission au Divin.

3. Il dit : Le vrai savant possède un savoir inspiré du Créateur, car en Lui est l'unique source inégalée de toute votre science.

4. Il dit : Dieu donne autant que vous pouvez prendre de lui ; sur tous il répand Ses dons, nul n'est oublié, chacun reçoit ce qui lui convient le mieux.

5. Il dit : C'est la foi de l'enfant qui vous conduit au pays des Dieux, et c'est souvent l'adversité qui tourne la clef de la chambre de lumière où Je demeure.

6. Il dit : En vérité, le fils de roi est libre d'aller dans tous les coins du palais.

7. Il dit : Comprenez, la liberté ne dépend pas du lieu ; l'esprit libéré de tout attachement n'a pas plus de demeure fixe que les nuages.

13

1. Il dit : La continuité de votre désir est la seule chose nécessaire.

2. La pierre précieuse et son éclat ne font qu'un ; l'Absolu et le Créateur ne font qu'un ; la foi en l'un impliquera la foi en l'autre.

3. Il dit : Vous ne pouvez entendre Sa Voix que par Inspiration ou par l'entremise d'un agent du plan hiérarchique convenable.

4. Il dit : Courez vers le but, si la Voie Verte vous dit de courir ; marchez lentement si elle vous dit d'aller sans hâte.

5. Il dit : Faites de votre cœur une coupe, mettez-y Mon encens et répandez-en la fumée sur le monde.

6. Il dit : En vérité, la lumière des jours ne passe pas inutilement si ce qui doit être dit est dit, si ce qui doit être fait est fait.

7. Il dit : Comprenez, si vous vous gardez toujours en état de renouveau, Je vous ferai traverser le monde, cet océan des œuvres, et retrouver votre vrai moi.

14

1. Il dit : Le Seigneur Se manifeste avec ou sans forme, selon les besoins de Son adorateur.

2. Il dit : Servez-Le ! Glorifiez-Le ! Manifestez-Le jusqu'au bout ! Il vous gardera jeune et vivant jusqu'à la fin qui se rapproche.

3. Il dit : Les fomoires ont rompu leur digue et avancent au travers de nuages empoisonnés. Les Galaadiens saisissent leurs armes et s'élancent. Cherchant la Gloire du vainqueur dans la tempête, les cavaliers montent sept jours durant.

4. Il dit : Ne tombez pas sur le lit de la paresse, pratiquez cette hardiesse qui ne tremble pas, devant l'adversité, embarquez-vous avant que le mois ne s'achève, prenez place dans l'aéronef avec ce qui est vivant, hissez le pavillon vert en chantant le nom du Roi de Jadis, d'aujourd'hui et de demain.

5. Il dit : Le Seigneur des Mystères, le Prince des princes, Celui qui prend en Sa Main tous les empires du monde, il enseigne par la voie de la beauté, Il balaie les ténèbres de l'ignorance et de la peur, Lui, le Désiré, le Distributeur de toutes les prospérités, l'Omniscient, le Promis, à Lui s'adresse le chant des artisans qui se livrent à de multiples créations.

6. Il dit : En vérité, les temps sont venus ; lancez la faucille, la moisson est mûre ; levez le marteau, et forgez les épées des braves ; venez,

foulez, le pressoir est comble et les cuves débordent. Il y a des masses d'objets précieux dans les coffres de la caverne des Lionceaux, coussins de plumes et coupes d'or pleines de parfums, bière et viande, jeux de dames et d'échecs ; chevaux et chars, chiens et combat et vêtements brodés pour les fils de rois, les Galaadiens, ceux qui chantent Sa Gloire et proclament Ses louanges, ceux-qui opèrent la transfiguration du monde.

7. Il dit : Comprenez, l'ignorant qui s'enivre du seul parfum de la connaissance n'a pas accès à la Taverne Suprême, nais celui qui par l'action juste a réussi, l'élu de la Majesté Divine, il s'est libéré de la mort par la mort et a obtenu l'immortalité qui est Lumière, Liberté, béatitude et Éternité.

XXVI. LA GRANDE INCANTATION

Dites :

LUG, toi qui meus les roues du ciel,

toi qui donnes la liberté et la force,

la victoire et la paix, la science et l'œuvre,

qu'en tous tes noms ton Nom soit sanctifié !

Qu'une fois encore ton Royaume arrive !

Qu'une fois encore ta Volonté soit faite sur la Terre comme partout dans l'univers !

Et qu'il en soit toujours ainsi jusqu'à la fin des temps !

POSTFACE

Par Loik Le Moy

L'Ordre Hermétique de l'Hermine d'Argent et la doctrine de Nabelkos

L'Ordre Hermétique de l'Hermine d'Argent aurait été créé historiquement parlant par le Breton Pierre de Mauclerc. En fait, il viendrait de sources druidiques par des moines Kuldéen qui étaient spécialisés dans construction d'églises en bois. Selon cette tradition Éon de l'Etoile et Gilles de Retz furent membres de l'Ordre. Joseph Charpentier en fut le dernier Souverain Grand Maître. Il mourut en 1967. Il était le propriétaire du château des Brousses de Bellevue à Saint-Marc-La-Jaille (Bretagne). il fut un membre de « Brezenn Perrot » qui fut une « légion » bretonne nationaliste pendant la seconde guerre mondiale. Kerdastos, dernier druide de cette lignée, nous donna amicalement les informations contenues dans cette postface. Le livre de Nabelkos fut le recueil de l'OHHA et nous allons résumer dans les lignes qui suivent les grandes lignes de sa doctrine.

Les enseignements du livre de Nabelkos

La « praxis » de l'OHHA est contenue dans le livre de Nabelkos. Selon le druide Kerdastos il contient toutes les clés qui sont nécessaires à la synthèse des différentes traditions Nordiques permettant de déchiffrer les romans de la Table Ronde et sa dimension « Celtique ». Il est écrit que le livre de Nabelkos (traduit du langage breton par Drustanos et transmis à Gwenael d'Echebrune) a été reçu du plan subtil les 1er, 2 et 3 novembre 3781 (Samonios 3781 M.T. An IEM). Nabelkos expose complètement le weltanschauung celtique adapté à la nouvelle ère, qui est l'ère du Verseau des astrologues et l'ère Maponos, selon la science du cycle druidique. Il s'agit de l'époque dans laquelle nous vivons et qui débuta en 1910. Celle-ci dure 2100 ans.

Nabelkos ne représente pas seulement l'apogée de la spiritualité celte moderne, mais aussi une synthèse globale intégrant toutes les voies ésotériques menant à la Réalisation et trouvant leur origine dans la

Tradition nordique. Ces voies ésotériques sont « validées » dans le plan selon la formule spécifique du 666.

Dans ce weltanschauung Nabelkos, la Tradition nordique est divisée en deux sections : la voie celtique féminine et la voie germanique (irminisme, odinisme) masculine. Selon le Nabelkos, la Bretagne doit jouer dans l'ère du Verseau un rôle occulte similaire à celui que la Palestine a joué pendant l'ère des Poissons, dont le royaume a été construit en Europe. Comme le royaume de l'ère du Verseau qui serait construit en Amérique du Nord.

Le Nabelkos pourrait donc permettre aux gens de déchiffrer les romans de la Table ronde. Le message fut reçu en Bretagne. Du fait de sa position géographique, cette région fait la synthèse entre le celtisme continental de Kernunnos et le celtisme insulaire de Lug.

Ce qui est ancien n'est pas écarté mais transformé pour s'adapter à un nouveau cadre, dans le plan des signes stellaires fixes dans lequel se trouve l'ère du Verseau. Selon Kerdastos, les celtes suivant leur tradition continueront à construire l'ère du Verseau à travers le Nabelkos. Ils ne peuvent pas aller plus loin sans abandonner leur vision ethnocentrique.

Dans la perspective du Nabelkos, le Christianisme et le Bouddhisme sont des doctrines de l'âge de Medros (qui correspond à l'âge des Poissons des astrologues). Selon Kerdastos, le Christianisme est la forme la plus pure du 555 (Medros). Chaque ère doit remplir une mission particulière. Pour une certaine quantité de siècles, tout est dirigé vers cet accomplissement.

L'ère de Medros (le Guérisseur), dont le principal prophète était Jésus-Christ (qui guérissait avec l'imposition des mains) est terminée. Par conséquent, le Christianisme est également achevé. Maintenant Maponos est en jeu... « L'enfant couronné du future ». Il s'agit toujours Lug présent derrière un nouveau masque (et derrière Lug l'indicible, l'inconnaissable, l'incompréhensible). Dans les concepts du Nabelkos, tous les dieux sont des avatars de Lug. En effet, le Nabelkos nous dit que les Dieux sont l'aspect de la Mère Dana. Ils sont les grands créateurs de la forme. Ils nourrissent les « choses » et les « êtres » qui ne peuvent pas se protéger eux-mêmes. « Un dieu est techniquement un aggrégat d'énergie d'une concentration colossale » nous dit Aleister Crowley.

Nous ne donnons pas notre propre opinion sur ce que Kerdastos confia sur le paganisme mais vous laissons y réfléchir : « Tout retour de l'humanité à une dépendance étroite vis-à-vis des Dieux correspondrait au retour des adultes vers leur mère, abandonnant leur indépendance pour l'obtention d'avantages matériels. Donc je ne suis pas païen. » Ce terme de « païen » si utilisé à l'époque de l'écriture de ces lignes, alimentaient en Europe bon nombre de discours de la Nouvelle Droite.

En conclusion, le Christianisme et les religions monothéistes appartiennent au passé, bien que l'Islam ait un rôle occulte à jouer qui aiderait la spiritualité de l'Ère du Verseau à naître. L'ère de Medros de Nabelkos est décédée, comme l'ère des Poissons des astrologues. Vous perdez votre temps si vous continuez à spéculer à ce sujet.

Prenons par exemple le slogan de Keltia/Bretagne Réelle : « 2000 ans de Christianisme est un terrible échec ». Les gens le disent cent fois et continuent encore à faire cela.

Le christianisme insensé va se désintégrer longtemps avant de creuser sa propre tombe selon un processus basé sur des cycles.

Nabelkos est, selon son adepte, parfait en lui-même car il contiendrait tout pour obtenir une Réalisation de manière celtique. Nabelkos participerait au cadre de la Shakti-Marga.

Nabelkos conviendrait parfaitement à l'esprit celtique. C'est déjà beaucoup de le pratiquer et d'en avoir une nourriture spirituelle. Aussi, il est évident que la richesse de Nabelkos peut permettre de nombreuses interprétations et beaucoup de gloses si les gens l'utilisent. Kerdastos a étudié les sources afin de revenir à l'Origine, pour rejoindre la Tradition Originelle.

Nous pouvons voir maintenant le symbolisme de la Trinité de Nabelkos. Selon lui, trois forces "interfèrent" dans l'Univers. Cette Trinité est toujours présente mais une force domine à tout moment dans le premier degré/niveau et la dernière dans le troisième.

La doctrine de Nabelkos

Science des Cycles of Nabelkos : exemple explicative

Samain 1910 (approximativement) année 1 Maponos

Épée brisée   Couronne de flammes

840 ans   1.260 ans   840 ans

L'ère de Maponos est incluse dans le cadre du grand cycle de la branche sanglante « conjointement » avec le cycle Nodons et Medros. Le processus du cycle de l'épée brisée implique que, bien que nous soyons dans l'ère Maponos depuis Samonios 3781 Mag Tured (environ 1910), son royaume sera édifié environ 420 ans plus tard. Son royaume durerait 1260 ans. Puis nous retomberons dans une épée brisée qui sera un cycle de confusion et de matérialisme.

A la suite de ce « Nouvel Âge du Chaos », le cycle de la « branche » sombre apparaîtra avec le début de l'ère des Sukellos.

Il y a un mégacycle comprenant neuf autres et se manifestant trois fois : le cycle de Nemved, le cycle d'Amved et le cycle de Yenved. Ces 3 cycles correspondent aux trois couleurs blanc, rouge, noir. Nous vivons aujourd'hui dans le cycle de Yenved, l'âge glacial ou l'âge gelé qui est similaire à la notion hindoue de Kali-Yuga. Nous quitterons cette époque à la fin de l'ère des Gonannions et nous entrerons dans un mégacycle de Nemved, lorsque l'ère de Gagodevos commencera.

Ce système n'invalide pas la loi de précession des équinoxes car par exemple le Verseau survenant à l'ère de Maponos ne signifie pas la même chose et ne donne pas le même effet pratique que lorsqu'il « interfère » avec les deux autres. Ce sont les autres cycles de la Croix fixe : le cycle de Kernunnos et le cycle de Gobannions ». Cela semble être compliqué mais ce système nous donne d'énormes avantages, une meilleure précision et une explication bien complète sur l'histoire et l'ésotérisme, » dit Kerdastos.

Chaque ère est intronisée par trois sacrifices qui sont le « baptême » du nouveau sang de Dieu. Notre époque, selon la formule de Maponos a commencé par un premier sacrifice qui était la Première Guerre mondiale faisant 6 millions de morts. Le deuxième sacrifice fut la Seconde Guerre mondiale faisant 60 millions de morts. Selon ce principe, le prochain grand massacre devrait tuer environ 600 millions de personnes. Nous obtenons avec ce système 666 millions de morts.

Selon la Tradition originelle (via la Tradition Hindoue) une ère zodiacale dure 2.160 ans et une année processionnelle dure 25.920 ans.

KRITA-YUGA = 25.920 ans (Age d'Or)

TRETA-YUGA = 19.440 ans (Age d'Argent)

DVPARA-YUGA = 12.960 ans (Age de Bronze)

KALI-YUGA = 6.480 years (Age de Fer)

Les quatre yuga forment un mahayuga (64.000 ans)

Les 72 mahayuga forment un manvantara (4.665.600 ans) et 14 manvantara forment un kalpa (65.318.400 ans).

Un kalpa inclue sept manvantara descendants et sept manvantara ascendants.

Nous obtenons donc deux septenaires.

Nous vivons la fin du septième manvantara inclus dans le premier septénaire (qui est descendant). Le prochain Age d'or ouvrirait le début du deuxième septénaire (qui devrait être ascendant).

Dans cette doctrine, tout s'enchaîne parfaitement. Le Cataclysme Universel qui termine un mahayuga descendant est un déluge de feu, une conflagration. Le grand nettoyage qui termine un mahayuga ascendant est un déluge d'eau.

« A la fin de chaque cycle, tout est détruit par le feu et l'eau » dit une prophétie druidique. 1983 est égal à 6.304 Kali. Il faut donc attendre 176 ans avant la prévision du grand nettoyage des personnes utilisant ce système basé sur ces cycles.

L'arbre de vie

Nous allons maintenant étudier l'Arbre de Vie. Avant toute chose, le début de Nabelkos est clairement montré au chapitre XXV qui en expose la formule. Et au chapitre XI - 19:4 nous lisons : « Il dit : La répétition constante de la formuler efficiente est en ce cycle le chemin le plus facile et le meilleur pour obtenir la libération et réaliser votre plus grand Moi. ».

Cette répétition constante du mantra UISS US IUDNOS LEGEUOS (Celui qui sait, Seigneur de la lumière) est analogue à DHIKR, à Nembustu, à Hindu Jupa etc.

C'est la méthode standard qui est traditionnelle et universelle. Selon Nabelkos, cette répétition basée sur la respiration (donc toujours racontée sur l'inhalation) jointe à la méditation sur l'Arbre de Vie et la lecture du livre sont l'essentiel, la clé.

« L'Arbre de Vie doit être médité avec les couleurs et les formules. Vous pouvez trouver les cercles correspondants au chapitre IV et les formules aux chapitres XVI, XVII et XVIII. Nous pouvons apprendre beaucoup en utilisant cette méditation synthétique, ainsi la formule 666 correspond à la série III et aux branches II et IV. Cela correspond également à la couleur orange et à la couleur jaune, etc. » (Kerdastos).

L'Arbre de Vie se présente de la façon suivante : au niveau le plus élevé se trouve le cercle de KEUGANT suivi du cercle de GWENVED et du cercle d'ABRED comprenant lui-même trois cercles intérieurs qui sont NEMVED (Cercle/niveau le plus élevé), AMVED et YENVED (cercle/niveau le plus bas). Dans ceux-ci, le cercle de DON (à gauche) et le cercle d'ANDON (à droite) "interfèrent" sur l'arbre. DON représente le profond, qui est bas et lourd, la matière dense appartenant au plan physique.

ANDON représente la source, qui vient au-dessus, qui est légère : la matière/matière du plan subtil.

Les mondes interfèrent les uns dans les autres. À droite, vous avez le sud de l'orientation celtique traditionnelle, le côté clair du monde. La nuit, le soleil est au nord, c'est le côté sombre et étrange ... Le côté appartenant aux morts, aux héros et aux êtres mythiques.

Le côté gauche est lié à l'espoir/aux attentes, au projet et à la vie intérieure. Le côté droit est lié à la « vie de la relation » et aux résultats effectifs provenant de nos actes sur le plan physique.

L'orientation change de perspective lorsque l'on atteint la Terre des Promesses (dernière étape du cercle de NEMVED avant GWENVED). Quand on regarde l'arbre de la vie, on voit le macrocosme et on doit faire la synthèse avec le microcosme. C'est le Grand Homme Cosmique. Alors il montre son visage et son cœur qui est le soleil est à gauche (?).

Nous reconnaissons l'ascension dans la succession des états dcrits dans le Nabelkos ainsi que quelques retours en « arrière ».

Quand on voit l'arbre, on se rend compte que l'on se trouve sur LITAVODUNON (Terre) avec son équivalent "Mag Mor" dans ANDON. Si nous évoluons correctement, nous arrivons alors dans le plan subtil, à Mag Meld (Andon), puis dans BRIVODUNON (plan des planètes) et DON. Nous passons alternativement de DON à ANDON, suivant cette ascension progressive. Toutefois plusieurs incarnations dans chaque monde sont en général nécessaires pour faire le maximum d'expériences possibles. Lorsque tous les êtres auront atteint BRAN, la Terre des promesses, nous entrerons alors dans GWENVED. Nous réintégrerons le premier état, mais pas le Principe qui reste inaccessible dans KEUGANT.

« La complexité à Nabelkos est déjà importante pour les celtes. Ne leur demandez pas plus. Mais individuellement, nous pouvons poursuivre la quête vers une autre formulation non ethnocentrique » conclut Kerdastos.